上海教育丛书
SHANGHAIJIAOYUCONGSHU

慧雅型

现代技能人才培养之经纬

唐纪瑛 著

智能育慧 文化育雅

弘扬技艺 传承匠心

让「大有可为」成就「大有作为」

上海教育出版社

《上海教育丛书》编委会

《上海教育丛书》历届编委会

总　序

　　建设一流城市,需要一流教育。办好教育,最根本的是要建设好教师队伍和学校管理干部队伍。

　　在长期的教育实践中,上海市涌现了一大批长期耕耘在教育第一线呕心沥血、努力探索,积累了丰富经验的优秀教师;涌现了一批领导学校卓有成效,有思想、有作为的优秀教育管理工作者。广大优秀教育工作者教育教学和管理工作的经验,凝聚着他们辛勤劳动的心血乃至毕生精力。为了帮助他们在立业、立德的基础上立言,确立他们的学术地位,使他们的经验能成为社会的共同财富,1994年上海市领导决定,委托教育部门负责整理这些经验。为此,上海市教育局、上海市中小学幼儿教师奖励基金会组织成立《上海教育丛书》编辑委员会,并由吕型伟同志任主编,自当年起出版《上海教育丛书》(以下称《丛书》)。1995年上海市教育委员会成立后,要求继续做好《丛书》的编辑出版工作。2008年初,经上海市教育委员会领导同意,调整和充实了《丛书》编委会,并确定夏秀蓉同志任执行主编,协助主编工作。2014年底,经上海市教育委员会领导同意,调整和充实了《丛书》编委会,确定尹后庆同志担任主编。《丛书》的内容涵盖了基础教育和中等职业教育的各个方面,包含有较高理论水平和学术价值的著作,涉及中小学教育、学前教育、师范教育、职业教育、校外教育和特殊教育,以及学校的领导管理与团队工作,还有弘扬祖国优秀文化、促进国际教育交流等方面的著作,体现了上海市中小学教育改革与发展的轨迹,体现了上海市中小学教育办学的水平与质量,体现了优秀教师和教育工作者的先进教育思想与丰富的实践经验。《丛书》出版后,受到广大教师、教育工作者及社会的欢迎。

　　为进一步搞好《丛书》的出版、宣传和推广工作,对今后继续出版的《丛书》,

我们将结合上海教育进入优质均衡、转型发展新时期的特点,更加注重反映教育改革前沿的生动实践,更加注重典型性、实用性和可读性。希望《丛书》反映的教育思想、理念和观点能起到抛砖引玉的作用,引发大家的思考、议论和争鸣;更希望在超前理念、先进思想的统领下创造出的扎实行动和鲜活经验,能引领当前的教育教学改革工作,使《丛书》成为记录上海教育改革历程和成果的历史篇章,成为广大教师和教育工作者的良师益友。限于我们的认识和水平,《丛书》会有疏漏和不尽如人意之处,诚恳地希望广大读者提出宝贵意见,帮助我们共同把《丛书》编好。

《上海教育丛书》编委会

序

　　职业教育是当代教育体系中不可或缺的教育类型,肩负着为社会经济发展培养高素质技能人才、为人的终身发展搭建平台的职责与使命。党和政府十分重视职业教育,中共中央办公厅、国务院办公厅印发了《关于推动现代职业教育高质量发展的意见》,上海市人民政府印发了《上海职业教育高质量发展行动计划(2019—2022年)》等,为现代职业教育的发展引领航向。加快构建现代职业教育体系,建设技能型社会,弘扬工匠精神,培养更多高素质技术技能人才、能工巧匠、大国工匠,为全面建设社会主义现代化国家提供有力的人才和技能支撑,是当前职业教育的使命。

　　上海市信息管理学校是一所底蕴深厚且敢于创新的职业学校。它作为国家级重点中等职业学校、上海市中等职业教育改革发展特色示范校以及上海市中职优质培育校,创办四十年来,一直前行在探索职业教育改革的道路上,取得了卓有成效的建树。《慧雅型现代技能人才培养之经纬》这本著作所表达的,是以唐纪瑛校长为代表的"信管职教人"对中国职业教育捧出的赤诚之心,也是他们对现代技能人才培养的见地之道,更是职业教育育人方式的缩影和反映。

　　学校以兼容并蓄的海派精神为起点,坚持以文化校、以文育人、弘扬技艺、传承匠心,把工匠精神和匠心成长落实在每一项教学中、每一个举措中,始终践行现代技能人才培育要求,强化对技术技能的精益求精,强调培育学生学做能工巧匠、大国工匠的匠心志向,以此报效祖国、服务人民。

学校把师生直接带到企业，或是把企业请进学校、把大师引进学校、把工作室建在学校，使得行业企业深度参与学校的人才培养和专业设置与改革，并在专业建设、技能大赛、协同育人等方面都实现校企的深度融合，让教师和学生普遍受惠，也为学校卓越发展插上腾飞的翅膀。

学校将以智能理念与应用技术为代表的数字科技融入专业建设与课程创新，将以中华优秀文化与人文精神为核心的文化元素渗透教师培养和学生培育，形成了以智能育慧、以文化育雅的"慧雅"教育思想，获得了国家级、上海市级多个教学成果奖，培养出了"全国教书育人楷模""上海工匠"等优秀职业教育工作者，更培育出了全国"最美中职生""全国技术能手"等一大批优秀学生，兑现了学校培育现代技能人才的承诺。

进入新的历史时期，党中央明确把大国工匠和高技能人才作为人才强国战略的重要组成部分，旨在通过加快建设国家重视技能、社会崇尚技能、人人享有技能的技能型社会，激励更多劳动者特别是青年一代走技能成才、技能报国之路。面对新时代、新形势、新任务，在职业教育的春天里，让我们共同播种希望，一起为现代技能人才的层出不穷和职业教育的高质量发展继续智慧探索、建功立业！

是为序。

上海市教育委员会副主任　孙真荣

2023 年 11 月

前　言

　　育人，是教育的使命、办学的宗旨。对职业教育而言，培养现代技能人才，是教育的永恒主题、办学的基本命题。

　　立足实践，潜心探索教育之经纬，培育慧雅型现代技能人才，是上海市信息管理学校交出的一份富有质量和品位的答卷。

　　学校地处历史悠久、底蕴深厚的徐汇区，从事职业教育具有得天独厚的优势。徐汇区教育资源丰富，其中心区域徐家汇源的土山湾孤儿工艺院旧址，曾是中国近现代职业教育的鼻祖。学校坐落的徐家汇源，与土山湾孤儿工艺院旧址相邻。徐家汇地区开创了近代中国科学教育文化之先河、土山湾孤儿工艺院开启了中国职业教育之启蒙，其中所蕴含的精益求精的工匠精神，深刻影响并激励学校成为职业教育事业的探索者，成为现代技能人才培养方式转型的创新者。

　　在强校如林、高手成群的本市、全国、世界性的技能大赛中，学校创下多个令人瞩目的佳绩，各种奖项不计其数，跃然列入上海乃至全国职业教育领域的先进排行榜，成为在图书文秘、文物修复、数字技术、旅游航空等专业领域获得社会高度认可的佼佼者。校企合作、产教融合的模式与紧密联系程度，是学校专业建设、人才培养、大赛出彩的坚强支撑。

　　围绕培养现代技能人才的办学目标，学校从创建、发展到成熟，一直注重文化立校，致力于用文化的方式建设有灵魂的职业教育，实现有特色的人才培养。

当"慧雅"从萌发到成为办学思想,学校各项工作无处不有"慧雅"身影,师生的学习、工作、生活无时不有"慧雅"伴随,"慧雅"已成为学校攀登职业教育高峰的"旗手"、师生成长发展的"向导"、学校斩关夺隘的"先锋"。"慧雅"已深化了传统古典的诠释,富有时代新意和学校蕴意。如今,"慧雅型+"已成为学校各项工作的标配。

"慧雅"生逢其时,赶上大力发展职业教育的好光景;"慧雅"应运而生,开启了一场与信管人同发展共命运的争创征程。"慧雅"既有职业教育办学所需的各种要素,又有师生追求真善美的人文情怀。因由"慧雅"眷顾,学校从高飞到腾飞,一路乘风翱翔,一路高歌猛进。

多年来,学校将时代使命化为办学职责,加大培养慧雅型现代技能人才的力度,从办学思想的凝练、厚德精技的定位、校企合作的途径、课程设置的优化、锤炼平台的搭建、优秀师资的匹配等方面进行了系统性、结构性、全面性的建设,梳理了发展经纬,基本形成了学校方案。

慧雅办学思想是为学校发展服务的,培养慧雅型现代技能人才责无旁贷,出成绩出经验义不容辞。梳理多年来的办学成果,展示历届师生缔造学校辉煌的心路历程,留下学校在职业教育领域奋进拼搏的历史痕迹,激励奋战在学校创优争先征途中的师生,鼓励后来者接续慧雅精神前赴后继,具有不可替代的作用。这是一件富有深刻现实意义和高远前瞻价值的大事,值得一书。

唐纪瑛

2023 年 9 月于上海

目录

第 一 章

时代使命：
慧雅型现代技能人才的培养

【导语】

人才培养的导向,源于社会基础和时代使命。学校发展的历程和时代需求,为培养慧雅型现代技能人才指明了方向。

本章从开启中国职业教育先河的土山湾孤儿工艺院与学校的渊源谈起,揭示了学校举办职业教育的传承使命,也为学校的职教探索和建树提供了沃土。

学校在多次整合、校名几经更名中,强化传承创新与文化积累,提炼升华办学思想与教育理念,逐渐形成朴素的慧雅育人教育思路,并最终确定为培养慧雅型技能人才的办学思想,指引学校在职业教育大潮中乘风破浪,勇往直前,在服务区域、专业建设、工学交替、人才培养、特色创建等方面都取得了令人瞩目的成就。

时代使命,是现代技能人才培养的客观背景。人才,为时代所需,也由时代催生。慧雅办学思想的实践,既是学校办学发展历程上的一个里程碑,也是应时代所求而成就的人才培育经纬。从此,学校有了规范办学行为的原则依据,学校各项建设在慧雅旗帜下蓬勃发展,培养现代技能人才的创新与实践有了方向性的指引,办学品质有了思想性的保障。

第一节 在历史和时代的坐标中

上海市信息管理学校与中国职业教育有着渊源深厚的历史情结,有着举办职业教育、服务经济社会和培养高素质技能人才的办学底蕴,她见证了中国职业教育的发展历程,又亲历了新时代职业教育腾飞发展的辉煌进程,奋力书写了区域、上海乃至全国的多个职业教育创新创造之举。

一、办学历史与传统

上海这座城市有着独特的文化灵魂。海纳百川、追求卓越是上海的特质,基于传承、改革创新是发展的路径,是上海职业教育勇毅前行的不竭动力,也是上海市信息管理学校办学治校的内生驱动力。

上海近代文明的发展轨迹,是与中西文化交流融合紧密联系在一起的。上海市信息管理学校地处徐家汇源,就是兼容并蓄的海派文化发源之地;原校址内坐落的土山湾博物馆,便是百余年前上海土山湾孤儿工艺院的旧址,她开启了中国现代职业教育的先河,推动了多元文化的碰撞与交融,成为徐汇职业教育的精神内涵,更成为上海市信息管理学校人才培养的人文底蕴。

学校始终坚持根植徐汇、服务上海、走向国际,紧紧围绕上海职业教育的每一个发展要求不断转型调整,将学校位于徐汇海派文脉传承地的文化优势、地处徐家汇土山湾中国职业教育发源地的地理优势转化为提升关键办学能力的资源优势,在改革中寻思路,在创新中找办法。

(一)地域的文化影响

学校所在的徐家汇源,是上海乃至中国近代科学、教育的发源地。徐家汇肇始于晚明,文渊阁大学士、著名科学家徐光启在此建立农庄别业,从事农业实验并著书立说。他逝世后即安葬于此,其后裔在此繁衍生息。徐光启对我国现代科学发展的贡献不言而喻,也在一定程度上启蒙了上海文明。自徐光启逝世后的数百年来,中西文化会通形成的海派文化不断发展、壮大,并从徐家汇影响至上海乃至全国,涉及文化教育、科学技术、工艺美术、印刷出版、视觉艺术、天文地理等社会各个领域。值得一提的是,徐家汇是创建中国最早、最完备图书馆——徐家汇藏书楼的地方,是兼容并蓄的海派文化重要的名片和缩影。上海市信息管理学校的第一个专业——图书馆管理,就承袭于此,并作为重点专业延续至今。

同时,学校校园内坐落的土山湾博物馆,是中国最早的职业学校——土山湾孤儿工艺院的旧址,它开启了中国职业教育的先河,被誉为中国职业教育的发源地。

土山湾孤儿工艺院的育人目标是培养有文化的手艺人。这里的文化,指的是基本的学识素养,从起初教授中文、算术、历史、地理等文化课程,到辛亥革命后设置国文和数理化课程,知识教育一直是工艺院的坚持,这也为孤儿们后续的学工生涯打下扎实的文化基础。同时,工艺院将木工、五金、印刷、图画、铜器等当时社会需求较大的、较为实用的技艺作为重点培养的技能。这些技能不仅可以帮助孤儿们在社会中找到一份稳定的工作,助无业者有业,而且一旦有了文化做底,这些技艺也能焕发出新的光彩。

土山湾孤儿工艺院这种手艺与文化兼顾的育人导向,在当时的年代,可谓先进。在这里学习的学生,不仅可以获得中西方文化的融汇熏陶,开阔眼界,拥有一定的文化素养,还能在长达六年半工半读的技能培养当中,对专业精心锤炼,获得更大的就业优势。也正因如此,土山湾孤儿工艺院留下了最令人震撼的作品——中国牌楼。这是在教师的指导下,由土山湾孤儿工艺院的数十位孤儿花了一年多的工夫用黄杨木雕刻而成,它兼具了中国的传统工艺美学与西方建筑标准,在1900年巴黎世博会上大放异彩,将中国优秀的匠人技艺呈现在了世人面前。

土山湾孤儿工艺院,是中国职业教育发轫的办学实体,更是现代中国职业教育探索服务经济社会与育人成才相结合的开端。它对手艺与文化的双重关注，启迪了上海市信息管理学校的办学思想，更持久地为学校提供着精神养料。

手艺是安身的基础，文化是立命的根本。有手艺、有文化——徐家汇地域特有的历史文化推动了科学与人文的融汇，为现代职业教育的发展储备了沃土。

（二）"慧雅"的文化基因

1978年，伴随着国家的改革开放，职业教育进入了恢复发展的春天。

在上海市大力发展职业教育、满足经济社会对不同职业人才需求的形势下，根据徐汇区教育发展布局，1983年，上海市信息管理学校的前身——沪光中学与上海市出版局、中科院上海分院图书馆、上海社科院图书馆、华东化工学院图书馆、上海科技情报所等单位联合开设了图书馆管理职业班（简称"沪光图书中专"），试招了应届初中毕业生80名。从此，孕育了学校职业教育的雏形，开启了学校立足徐汇本土、服务区域发展、辐射全市需求、培养现代技能人才的职业教育的征程。

学校创办初期，学生毕业后基本都是到专业对口的工作岗位上直接就业。因此，学校在教学中突出实用性、实践性，强化技能操练，在办学方式上则广泛开辟渠道、争取社会支持，让学生尽可能多、尽可能早地去接触职业环境，熟悉职业特点，进而培养专业感情、树立职业理想。同时，学校也关注到了学生后续成长过程中心理、社交等方面的发展需要，想为学生的未来多做一点准备。

对于沪光图书馆管理职业班培养什么样学生的问题，沪光中学时任校长胡豪在《我们是怎样办图书馆管理中专的》一文中给出了答案："职业班学生与普通高中生，尽管他们都是刚刚离开了初中学习阶段的孩子，然而在心理上已存在显著差别。随着学习的继续，这种差别还会扩大。前者往往在心理上比后者更成熟，对社会动向更敏感，对自我完善的要求也更迫切。因此，对此类学生的指导更要用心。我们在课堂教学之外，广泛发展他们的兴趣、爱好，培养他们的社交能力，开阔他们的知识视野和活动天地。现在学校中专部学生有自己的报纸、广播站和记者组，有包括文学社、戏剧社在内的文艺体育社团，并且还与市内五十所学校联办正式对外发行的学生习作报。"

可见,早在几十年前,学校就已经意识到了持续发展学生潜能的重要性,并依托社团活动和社会交流等方式,让学生乐业、乐群。上海市信息管理学校从建校开始,关注的就不仅仅是职业技能的培养,更强调对一个完整、全面、终身的"人"的培育。这是对黄炎培职业教育思想的传承,更是基于社会发展的办学创新。

兴趣让工作与生活更有乐趣,能力让职业与人生更有希望。有兴趣、有能力——沪光图书馆管理职业班培植了慧雅教育的文化基因。

(三)"慧雅"的文化孕育

1992年,经徐汇区政府批准,学校接受香港罗保投资有限公司董事长、爱国人士董纪勋先生捐赠,改校名为上海市董恒甫职业技术学校。1994年,建在中漕路的上海市董恒甫职业技术学校新校舍落成投入使用。2001年,徐汇区教育局将所属的上海市董恒甫职业技术学校、上海市光启职业技术学校、徐汇区职工中专合并为一所新的上海市董恒甫职业技术学校。

在这个阶段,学校的专业数量得以扩展。除了一直作为重点专业的图书信息管理(即原本的图书馆管理)之外,增加了计算机应用、通信管理、文秘等多个专业。这些专业是依据当时的社会需求设置的。同时,学校也预测到这些专业在未来一段时间内会有大量的需求,可以满足更多学生的就业需要。这些专业的逐步发展,也奠定了学校在信息处理和管理领域的办学特点与优势,也为后来学校的再一次定位和更名奠定了基础。

21世纪初,我国社会经济迅猛发展,职业岗位对学生技能的要求越来越高,专业性也越来越强,同时岗位技能的更新换代也愈发凸显。学校不断思考如何才能进一步加强专业技能的培养,更有效地强化学生的技术应用能力,让学生不仅能够在求职时脱颖而出,而且能在面对岗位变化时更有底气。

一方面,学校重新设计了课程,以优化学生的能力结构,将专业课程分成三个板块:文化基础课、专业基础课和专业课。文化基础课,主要提升学生的文化素养和综合能力，为他们的可持续发展打基础；专业基础课，主要指专业所必须具备的通用性技能；专业课，用于训练学生从事某一专业工作的基本技能。三个板块的课程设置既能够满足学生毕业后直接就业的岗位适应要求，又能为学生工作之后可能出现的调职换岗奠定能力基础。

另一方面，为了让学生在就业中更具优势，更顺利适应，从 2005 年起，学校开始实行工学交替的教学模式，即学生在校接受一段时间的理论课程学习后，到相关单位的相应岗位接受一段时间的实践操作训练，再回到学校进行理论学习。这样做，既有利于学生更好地掌握用人单位实际所需技能，避免学习与实践脱节，同时也能够更有效地激励他们认真学习并拓展技能。很多学生在经过工学交替的学习阶段之后，对职业有了更加清晰直观的认识，发现了自己在知识和能力方面的差距，更加明确了目标，并在后续的学习过程中发奋努力、提升自己。

让学生塑造更好的自己、寻求更好的未来，是我们的初心，也是使命。

要让学生的未来之路更加通达，在强化学生技能的同时，学校从未松懈过对文化基础的要求。专业课和文化课的比例始终保持在 1∶1，这在当时普遍重视技术技能培养的职业教育领域里并不多见，但上海市信息管理学校做到了。更多的文化课培养夯实了学生的文化基础，让学生更有底蕴。同时，在课程之外，为了提高全校学生的语言文字表达能力，学校从 1994 年起设立了"十月语汇"辩论赛，已坚持开展至今，培养了众多能说会道的高手。又如，恒甫诗会、演讲比赛、书法比赛、作文竞赛、小品汇演、五月歌会等许多活动也造就了一大批耀眼的校园之星。再如，学校的卉泉文学社和《恒甫校报》历来是"小鬼当家"，教师辅佐。在长期熏陶下，很多学生出口成章、落笔成文，这是他们就业的优势，更是后续职业发展的重要砝码。

技能带来迈向岗位的自信与勇气，文化带来直面人生的淡定与底气。技能强、文化强——上海市董恒甫职业技术学校奠定了慧雅教育的两大基石。

二、新时代呼唤工匠人才

经济社会的发展，始终是现代职业教育发展的原生动力；主动融入、服务区域经济社会的发展,永远是学校办学的主旋律。学校十分明晰办学与区域经济社会需要的相融定位,及其在此基础上的发展壮大反哺经济社会的贡献要义,与时代共进,与大势同步。

上海的职业教育始终以教育综合改革为引领,创建上海市中等职业教育改革发展特色示范校、上海优质中职培育学校等各项改革举措,推动着上海职业教育大踏步前行。在此过程中,上海市信息管理学校积极服务区域经济、社会发展和国家战略,完成各项改革任务,走出一条从单纯技能谋生,到双向就业导向,再到多元智慧发展的创新特色办学之路。

伴随改革突破和创新实践而来的,是人才培养目标的不断深化、汇聚,学校办学思想的逐渐显现、成型,最终明确了慧雅型现代技能人才培养的办学导向,也推演出了具有上海市信息管理学校特点的办学路径。

(一)"慧雅"的文化雏形

"十一五"后期,职业教育已成为经济和社会发展的重要基础和教育事业推进的战略重点,学校要实现持续发展,凝练办学特色,发挥办学优势,必须面向市场,面向经济;必须不断提高教育教学水平和办学质量,进一步转变人才观和质量观,正确处理好学生综合素养提高和职业能力培养的关系,并找到显现学校特征的人才培养特色路径。

《文汇报》在报道学校时,曾以《与其专业对口不如留有适用天地》为题做过这样的评述:"如果我们着力培养学生的可持续发展,那么学生就会逐步适应社会发展的需要,成为用人单位的有用之才,也可使自己获得今后一生的发展空间。如果我们继续沿袭传统的课堂课程教学,沿袭过去那种技术含量低、岗位技能单一、专门化训练机械的职业培训方式,如果我们还只是局限在一次性教育的职前培训,关起门来办学,实际上是造就了一大批简单劳动者,根本无法适应经济发展的需求,也会因就业前景不佳而使招生人数快速下滑,学生也会导致毕业即失业的失败局面。"这段话是上海市董恒甫职业技术学校时任校长陆震谷的"笔迹",也是他的"心迹"。以就业为导向的职校教育,不能简单地拘泥于就业。基本素养要宽、动手能力要强、职业意识要足、综合能力要广，这个被称为"宽带法"。

所谓"宽带法"，是学校就当时职业岗位要求愈来愈宽、职业能力要求愈来愈高的社会现状而探索出的人才培养新思路。根据当时职业岗位需求，夯实并拓展专业的基础技能，让学生具备更多与专业有关的劳动能力和通用技能；同时，强化包括文字、语言、社交、思维等方面的基本文化素养，做一个言之有物、行之有度的人。这种培养思路，要求学校必须充分了解学生、了解岗位、了解社会，并且要具有一定的前瞻意识和恒心，并以此为学生的持续发展提供可能。

基于"宽带法"的培养思路，学校以上海市重点专业、学校龙头专业——图书信息管理专业作为试点开展教育革新，将一部分课程向文秘课程拓展，将三分之一的原图书专业课程转为文档课程。同时融入计算机应用基础课程，使得计算机应用类课程达到全部课程的四分之一。由此，图书信息管理专业的学生不仅具备图书信息管理的相关知识与技能，还能够承担文秘岗位的实际工作，并且对计算机操作十分熟练，可以胜任各类信息处理和数据管理的相关工作。学生的专业基础技能扎实，专业口径比较宽，综合能力强，受到用人单位的热烈欢迎，部分学生转岗到企业做档案管理和文秘工作也完全合适。每年的毕业学生中，从事各企事业单位文档工作的已占 80%，而扎实的计算机应用能力又为他们今后的转换跑道奠定了基础。

在此过程中，学校逐步明确了计算机应用能力对各个专业外延拓展的支撑作用，并将其作为学校所有专业的通识技能，调整课程、设置平台，让学校所有学生都充分练习并掌握。

这个决定，一方面是基于当时图书信息管理专业的发展需要，另一方面也是学校已经察觉到信息技术即将成为推动社会发展的重要力量。2009 年，学校进一步确立了现代服务业技能型人才的培养定位，在继续保持图书文秘类专业特色的基础上，以计算机应用专业为基础，增设数字媒体技术应用、计算机网络技术等信息技术专业，加快推进课程改革，更新实训设备，强化了学校的信息管理特色，并正式更名为上海市信息管理学校。

以技术满足行业需求、以综合素养支撑后续发展,技术能力强、综合素养强——上海市信息管理学校彰显慧雅教育的价值取向。

(二)"慧雅"的文化成长

2013—2023年,对上海市信息管理学校来说,是有着非凡意义的十年。

2013年,学校开始了上海市中等职业教育改革发展特色示范校的创建工作。面对互联网时代人才需求规格的变化以及逐年提升的行业入门门槛,学校调整并优化专业布局,为学生谋求更宽广的发展之路,在探索中开启了贯通培养的征程。同年,数字媒体技术应用专业与上海电机学院合作开设了数字媒体技术中高职贯通专业;2017年,文物保护技术专业与上海视觉学院、上海应用技术大学合作开设文物保护与修复中本贯通专业,成为全国首个"2+1"模式的贯通专业。贯通培养是我国现代职业教育体系建设的重要组成部分,是长学制人才培养视野下中高职一体化衔接的主要路径,学校为学生提供了升学进阶的绿色通道,满足了升学与就业的双重需要,为学生生涯发展提供更多元化的实施路径,也为学生创造了更多后续学习发展的机会。

同时,学校以传承中华民族优秀传统文化为抓手,充分发挥学校作为上海市中等职业学校民族文化传承教育基地的作用,做强民族文化传承项目,系统设计才艺和社团课程,并向精品、精致、精彩方向建设,连续数年举行民族文化传承节,将传统文化和专业建设相结合,全面提升学生的文化修养。

2018年,在徐汇区政府的布局调整下,上海市信息管理学校和上海市徐汇职业高级中学合并,变更为新的上海市信息管理学校,成为徐汇区唯一一所区属职业学校。两校合并带来的是专业品类和规模的进一步扩大,为了更好地实施管理,找到发展建设的主线脉络,学校经过整合与优化,形成了文化艺术、信息技术、旅游航空三大专业群。考虑到当前乃至未来各行各业对信息化相关专业知识与技能的需求,学校将信息技术专业群作为主体专业群,并将计算机相关技术作为推动文化艺术、旅游航空两大专业群发展的助力,确立了聚焦"现代"的技能人才培养方向。

随之，我们开始思考：究竟要培养的是什么样的现代技能人才？具有上海市信息管理学校特点的人才培养路径究竟是什么？

光明日报《教育家》杂志在采访中问及办学方略时，校长这样回答："把握行业发展方向、提高实践技能是提高中职学生竞争力的重要砝码。在新技术的影响下，职业教育正发生着巨大的变革，学校借着技术变革的东风，紧抓人工智能这个职教改革的新风口，用'智能＋'实施路径赋能学校的课程建设、教学创新。同时，基于职业教育在传承优秀传统文化、涵育民族精神等方面的重要作用，学校以'文化＋'实施路径融通课堂上下，打通校园内外，以人文浸润、实践提高的方式，让学生全方位受到优秀文化的滋养，在提高技能的同时，为今后的职业生涯积累无限的可能。借力新技术强化技能，依托文脉传承夯实精神，'智能＋'与'文化＋'，是我校当前乘风破浪的风帆和引擎。"

2021 年，学校被评为上海市优质中职培育校。在建设培育的过程中，智慧赋能、文脉传承成了学校的办学名片，"智能＋""文化＋"也成为学校人才培养的特色路径。

"智能＋"指向时代所需的智能理念与技术培养，"文化＋"涵盖了人文底蕴、技艺传承与素养培育。智能理念与应用技术强，文化底蕴与综合素养强——新的上海市信息管理学校诠释了慧雅教育的现代内涵。

（三）"慧雅"的时代回应

职业教育的生命力在于学校教育对时代召唤的响应，对技术技能人才的社会需求及时做出调整与匹配的回应，其活力在于学校的专业设置始终对标社会先进生产力发展的技术技能标准和培养要求，其创新力在于善于集成职业教育当代发展的优势，敢于创优做强职业教育品牌，创建自己的特色，占据职业教育改革发展新高地。

党的二十大报告指出，"统筹职业教育、高等教育、继续教育协同创新，推进职普融通、产教融合、科教融汇，优化职业教育类型定位"是职业教育的发展方向。从国内外职业教育实践来看，产教融合是职业教育的基本办学模式，也是职业教育发展的本质要求。职业教育培养现代技能人才，要心怀"国之大者"，守正创新，坚持"以产引教、以产定教、以产改教、以产促教"的发展模式，始终如一坚持产教融合发展方向，这是职业教育在新时代的新使命。深化产教融合、校企合作是职业学校落实现代技能人才培养的有效路径。

上海市信息管理学校自建校起，就清醒地意识到技能人才培育不可能只依靠职业学校，更需要来自社会各方，尤其是行业企业的助力与协作。

1983 年在沪光中学内开设的第一个图书馆管理职业班，就是与上海市出版局、中科院上海分院图书馆、上海社会科学院图书馆、华东化工学院图书馆、上海科技情报所等单位联合开创的。1992 年三校合并后，在拓展专业的同时，学校又增加了上海师范大学图书馆、长宁区图书馆、闵行区图书馆等 10 余家合作单位，主要为学生的实习实训提供支持。21 世纪初，在工学交替模式的推动下，学校的合作企业数量逐年递增，50 余家企业和学校签订了合作协议，校企之间的交流互动也更加频繁。2013 年之后，伴随改革发展特色示范校的创建工作，学校的信息技术专业蓬勃发展，符合该专业人才培养特点的校企联合工作室、企业大师工作室等纷纷落地开花，合作企业也达到了 80 余家。2021 年，优质中职培育校的建设推动了现代学徒制人才培养模式的深入，学校与上海世纪出版（集团）有限公司、华为技术有限公司、商汤智能科技有限公司、上海市东湖（集团）有限公司等行业龙头企业落实合作，在专业建设、教学实践、师资培养、改革创新等多个方面合力推进，取得了令人满意的成果，学校稳定的合作企业超过百家。

可以说，上海市信息管理学校四十年的发展之路，是与职业教育产教融合、校企合作的发展之路同行并进的。这种方式不仅能够让学校始终与社会的发展脉搏紧密相依，更能够让学生习得新技能、掌握新素养，进而顺利融入时代与未来。当前慧雅教育对"智能＋""文化＋"的定位，也是基于新时代行业产业发展的实际需要，以及学生持续发展的实际诉求。产教融合、校企合作是学校育人道路上一贯的坚持，也是成就慧雅教育进一步发展的有力依托。

第二节 探寻慧雅型现代技能人才培养之路

学校将"慧雅"作为现代技能人才的基本特征,坚持现代技能人才不仅要具有高超的技能还要具有高尚的灵魂的理念。慧雅型的定义,涵盖了人文精神和精技匠心,体现了教师发展和学生成长的核心要素,彰显了学校"一切为了学生可持续职业发展"的宗旨使命。

一、现代技能人才的要义

构建新发展格局,建设现代化产业体系,推动高质量发展,既需要数以万计的顶尖大师、领军人物,也需要数以亿计的技术技能人才。职业教育培养的技术技能人才不可或缺,更不可替代。现代技能人才,是支撑中国制造、中国创造的重要力量,是连接技术创新与生产实践最核心最基础的劳动要素。技能人才大多工作在生产和服务等领域的岗位一线,他们掌握专门知识和技术,具备一定的操作技能,并能够在工作实践中运用自己的技术和能力进行实际操作,解决工作中的问题。

现代技能人才有以下必备的基本素质:一是专业技能素质,即掌握扎实的专业知识,能够熟练运用各种技术、工具和方法,具有较强的实践能力;二是创新思维素质,即具有创新意识,能够不断开拓创新,提高工作效率和质量;三是团队协作素质,即具备良好的沟通和合作能力,能够有效地与团队成员和相关层级进行沟通、协作,共同完成工作任务;四是学习能力素质,即具备持续学习和自我提升的意识,能够积极学习新知识、新技术和新方法,不断提高自己的竞争力;五是社会责任素质,即具有良好的社会责任感和职业道德,能够积极承担社会责任和义务,为社会做出贡献;六是良好的心理素质,即具备稳定的心理状态和较高的心理素质,能够应对工作、生活中的各种压力和挑战。

现代技能人才之所以强调"现代",就是因为其集中反映了飞速发展的现代社会对技能人才高技能、高素质的要求。这恰恰与慧雅教育的主旨不谋而合。

（一）以德行为先，夯实基础

立德树人是学校办学的根本任务，学校将结合区情、校情、生情的校本育人特色贯穿于"三全"育人和匠心锻造的过程中，为现代技能人才培养奠定基础。

首先，凸显文化要素，实现职业教育与工匠精神的糅合。中国自古就有鲁班、李冰等杰出工匠，工匠精神源远流长。朱熹将《论语·学而》中记载的"如切如磋，如琢如磨"释为"言治骨角者，既切之而复磋之；治玉石者，既琢之而复磨之；治之已精，而益求其精也"。中国历代匠人们对技艺的精益求精，作用于物则形成一种外化的、显性的器物文明，而追求精湛的行为和意念在内则升华成为一种传承的、隐性的工匠精神。

工匠精神本质上属于文化范畴，遵循文化培育的规律。学校从文献保护相关专业以及非遗技艺相关项目当中寻找文化培育的内容、探索文化培育的形式、形成文化培育的体系，通过课程渗透、活动渗透、环境渗透等落实文化素养的培养，推动并实现慧雅教育在学生中的浸润，并外显于学生的言行举止当中。依托校内外课程与实践活动、依托数字化教育教学手段等，学校倾力培育着聪慧的，拥有立足社会、走向未来的技能和本领的新一代中职学生。

其次，推行全员导师制，强化行为规范及心理健康教育。学校要求教师人人是导师、人人都是德育工作者，每一名教师都成为学生成长路上的引路人。进入新时代，学生成长的外部环境发生了很大变化，促进每一名学生的健康成长和全面发展越来越需要学校、家庭、社会的全员参与，教师的育人职责也更加凸显。全员导师制是针对学生成长发展的时代特点，深化育人方式改革和学生发展指导制度建设的主动回应。

学校通过对学生进行个体分析，依据学生性格特征、家庭情况等进行均衡分配，让导师承担起思想引导、学习辅导、心理疏导、生活指导、生涯指导等全面发展指导的任务。强调每一名教师都要肩负起育人的职责和使命，激发全体教师的育人活力，形成育人共同体，真正回归教育本源和初心。

通过实施全员导师制，学校的行为规范教育、心理健康教育这些原本被认为只是班主任及心理教师工作的教育任务，被真正关注了起来。每一名导师都被要求主动自觉地关注学生的日常状态，及时给予关怀和指导，学生和教师之间的距离拉近了，良好的师生关系建立起来了，教师也能更顺畅地找到合适的契机，润物无声地对学生开展全面发展指导。

匠心精神浸润、品德教育贯穿、心理健康指导以及家校合力培育，都为学校开展现代技能人才培养提供了基础支撑。

（二）以特色为径，推动进步

现代技能人才培养，是全领域、全方位、全过程、全链条的，是一个系统工程，而职业学校是这个系统工程中的重要一环。上海市信息管理学校依据时代需要，结合学生特点，依托学校自身的发展特色，探索着现代技能人才的培养方式。

首先，坚持文化引领，为现代技能人才培养营造良好的成长环境。学校将中华优秀传统文化引入职业教育全过程，增强学生文化自信，让学生成为中华优秀传统文化的弘扬者、传播者和继承者。同时，学校着力开展人文育德，通过开设面向全体学生的诗词赏析、历史解析、礼仪、书法等文化修养课程，由内而外地涵育学生的内在修养，塑造学生自信昂扬的精神面貌。同时，也帮助学生形成良好的汲取新知的习惯，以便于他们在未来漫长的人生道路上，能够不断积淀成长。

其次，力求专业渗透，为现代技能人才培养架构全方位支持体系。学校根据社会经济以及学生发展的实际需求，制定人才培养方案、优化课程设置、创新教学方法，同时以产教融合、校企合作为依托，与企业合作开发教材、开设课程、开展教学，使学校的专业课堂既紧跟行业发展趋势、契合市场需求，又遵循学生成长规律、彰显职业教育特点，着力拓宽学校职业教育边界，融通行业企业与学校教育，实现技能与素养的整体提升，提高学生的职业竞争力。

再次，强化活动实践，为现代技能人才创设能力提升的平台。学校立足专业建设和技能培育,组织各级各类技能竞赛,搭建阶梯,助力学生技能提升。同时,依托民族文化与技艺传承、学生特长与才艺,开展多姿多彩的校园活动,为学生提供多样的展示机会与平台。

在上述的各个工作板块中,教师的作用不可或缺。高素质的教师是实施职业教育、培养技能人才的基本保证。首先,教师的言谈举止对学生的成长、发展具有极大的感染力和示范作用。教师以身立教,为人师表,才能感染学生、教育学生。其次,教师精湛的业务能力是实现高质量教育的关键,其中就包括教育理念、教学技术、实践能力等多个方面。职业教育的任务是培养生产、建设和服务第一线的高技术应用型人才。学生的技能来自教师的教学以及学生的实验、实训和实习,在这些活动中教师起着关键的作用。因此,职业学校的教师既要有较高的专业理论水平,又要有较强的实践操作能力,应具备"双师型"教师素质,同时也必须政治过硬、师德高尚、人品端方。可以说,教师的培养与学生培养同等重要,这也是实现现代技能人才培养目标的重要依托。

德行教育蕴底、课程活动培能、校企协作助力、教师全面支持,这就是学校基于思考和实践,逐渐形成的现代技能人才培养主体框架,在这个框架的基础上,我们用"慧雅"赋予它特点与生命力。

二、"慧雅"与慧雅型的释义

"慧雅",起源于中华优秀传统文化,历代劳动人民赋予"慧雅"以积极意义、文化含义,并经千千万万有识之士躬耕实践,形成了寓意丰富、形象丰满、故事丰盈的文化现象和形神归纳,让后代人们竞相学习、效仿。学校起用"慧雅"作为办学思想,并发展为慧雅教育、慧雅精神、慧雅人文等。这既是学校文化立校的重要创举,更是学校传统与现代结合、历史与时代融合、职教与人文汇流的探索情怀。

(一)慧者通道,雅者正行

慧,《说文》:"慧,儇(xuān,聪明)也。"《墨子·修身》:"慧者心辨而不繁说,多力而不伐功，此以名誉扬天下。"聪明、有才智；慧者，心系于事，慧者通道，了解一切事理。通俗地说，慧，是智慧的本质，是明理的本原，是达观的本色。慧，是心明、眼亮、行正。

雅，《正字通》："小雅诗序曰：言天下之事，形四方之风；谓之雅。雅者正也。言王政之所由废与也。政有大小，故有：小雅、大雅。"《论语》："子所雅言。"（《注》："孔曰：雅言，正言也。"《朱注》："雅，常也。"）雅，规范、美好、高尚，是其基本的意思。雅者，正也，正而有美德者谓之雅。可见，雅，是美德的形态，是美行的形象，是美丽的形容。

慧雅，融为一体，更具内涵。求学者，善学，聪明而有才智，此内涵能力之慧也；修身者，修心，高尚而有美德，此外显品行之雅也。将中国传统文化中的慧、雅二字结合，实现"慧雅"联通、贯通、恒通，以智能育慧、以文化育雅，确定"慧雅"作为学校的办学思想，引领学校发展。

1. "慧雅"的新时代内涵

在新时代职业教育语境下，学校给予"慧雅"新的文化内涵和新的时代诠释。

"慧雅"是终身教育时代个体和劳动者不可或缺的基本品质，既是基础教育中需要关注的必要素养，也是职业教育中应着力发展的素养。职业素养中的"慧雅"，包括知识与眼界、能力与创造、德行与习惯、思维与批判等，它们既反映着社会主义事业建设者投身职业的准备状况，也提示着个体迎接时代和社会变迁的搏击力量。职业学校是教育分类的必然产物，职业品质却是普职教育共同的追求目标，也是任何时代、任何社会个体社会完善的根本途径，以"慧雅"引领职业教育的发展，是新时代职业学校的使命担当。

"慧"，是通往智慧的职业教育理想境界的桥梁，是瞄向秀慧的职业教育人生目标的准心，是善诱德慧的职业教育生命绽放的园丁，是引导福慧的职业教育幸福人生的使者，是增长灵慧的职业教育知识技能的驿站。慧，是知识的长者、技能的尊者、继续学习的耳语、不断成长的叮咛。慧，是现代职业教育的符号，是衡量学生获得应有教育的浓缩。

"雅",是赋予职业教育以文化内涵的元素,是学校发展以文化价值立校的信念,是学校办学以文化品位彰显的自信,是师生成长发展以文化自豪为傲的益友。雅,让职业教育呈现诱人的优雅气象,让专业领域展示迷人的文雅气度,让技术能手散发感人的志雅气概。雅,表现职业人的儒雅气质、高雅品位、趣雅韵味。不仅普通教育出来的学生具有雅致情调,而且职业教育出来的学生更有风雅风貌。

"慧""雅",是一对两翼齐飞的文化整合。慧中有雅,更显慧的真挚和意蕴;雅中显慧,更具雅的博大和精深。慧是风骨,雅是风范。

慧雅教育,是点燃师生生命火花的绽放仪式,是学生重拾自信的前行导师,是教会学生搏击人生、创造辉煌的成长雨露,是塑造大国工匠和成就现代技能人才的信管校秘籍。

2."慧雅"思想的确立

创校制胜,理念先行。学校办学的首要任务是确定办学思想,并以此作为引领学校发展、师生成长的根基与主轴。经过学校探索与实践,将"慧雅"作为办学思想,统领学校各项工作,在学生培养、教师队伍建设、专业布局建设、校企合作开展、学校管理整合等诸多方面,形成了相应的阐释与规定。

"慧雅"的植入,为学校办学思想培植了灵魂,为学校发展注入了活力,为学校创新滋长了张力。

在上海全面建设人文型智慧城市的大背景下,作为一所徐汇区属的中职学校,为适应未来智慧城市、文化城市建设的需要,聚焦学校所属区域打造上海人工智能产业集聚区的目标,学校坚持以智慧赋能、文化传承为核心,并确立了"慧""雅"的发展定位,力争建成一所专业特色鲜明、办学水平一流、服务区域经济与社会发展、具有一定国际影响力的优质职业学校。

所谓"慧雅":其一是培育"慧"学习、"雅"言行,雅为善学的慧雅学生;其二是成就"慧"教学、"雅"德行,德高善教的慧雅教师;其三是建设"慧"发展、"雅"人文,厚德精技的慧雅学校。"慧雅"思想的核心是慧思雅行。求学者,善学,聪明而有才智,此内涵能力之慧也;修身者,修心,高尚而有美德,此外显品行之雅也。

学生成才和教师发展是学校办学追求的最终目标,也是学校发展进步的价值所在。在慧雅教育思想的指引下,学校确定了"汇雅聚智、和心育才"的办学理念,目标就是通过多方位、多途径、多形式的交融汇聚,培养出道德高尚、言行雅致、学业优异、技能精湛的学生,同时通过学校的智慧办学促使教师和乐同心,实现学生、教师、学校的共同进步。

"慧雅"成为凝聚、引领师生成长和优质办学的一面旗帜。以"慧雅"为名的办学思想,不只是写在文件中的口号、挂在宣传墙上的图案,更体现在慧雅学生的日常举止之中,彰显于慧雅教师的教书育人之中,充盈于慧雅学校的高质量发展之中。

(二) 慧雅型的定位

慧雅教育的核心是培育"慧"学习、"雅"言行雅为善学的慧雅学生。这一提法主要基于学校对培养学生发展核心素养的思考与实践,同时也是学校对慧雅型现代技能人才的定位。

1."雅"言行是慧雅型技能人才成长之基

君子雅言,善人雅意。鲁迅先生曾说:"语言有三美,意美在感心,音美在感观,形美在感目。"文雅的语言读来赏心悦目,听来悦耳动人,用来倍感享受。文化是人存在的根和魂,扎实的人文素养可以为学生带来精神满足和身心健康。学校在强化技能学习的同时,也非常重视文化基础,支持并鼓励学生尽可能多地学习人文知识,夯实人文底蕴,能够学习、理解、运用人文领域知识和技能,具备相应的基本能力、情感态度和价值取向,培养人文底蕴,积淀人文情怀和审美情趣,涵养内在精神,发展成为有宽厚文化基础、有更高精神追求的人。

慧雅教育强调以文化育雅,通过在学校基础课程内以及特色校本课程内融合渗透古今中外人文领域基本知识和成果,让学生理解和掌握人文思想中所蕴含的认识方法和实践方法等。通过在校园活动和环境创设方面凸显人文情怀,强化以人为本的意识,提升自我价值感和专业认同感,同时提升审美趣味与生活品质,拓宽视野、升华格调。

学校明晰了未来发展与传统文化教育的关系,持续深耕传统文化领域,用浓厚的传统文化根基迎接未来的考验,充分发挥"上海市民族文化传承教育基地"的优势,系统设计才艺和社团的功能与活动要求,开设篆刻社、书画社、古籍修缮社、民乐社等多个传统文化教育精品社团,举办校园技能节、民族文化传承节、艺术节等系列活动,营造良好的民族文化传承教育氛围,提升学生文化修养。

2."慧"学习是慧雅型技能人才腾飞之翼

如果说人文素养是由历史和时间积淀成就的底气,那么"慧"学习则是基于底气的自信展现以及学生飞向未来的翅膀。"慧"学习,强调的是学生在认知、理解、运用科学知识和技能等方面要善于发挥、积淀智慧,强调能有效地运用知识与技能管理自己的学习和生活、认识和发现自我价值,发掘自身潜力、有效应对复杂多变的环境,成就出彩人生,发展成为有明确人生方向、有高超技术技能、有生活品位的人。

慧雅教育强调以智能育慧,通过积极布局学生未来发展空间,主动谋划与未来发展接轨的相关平台的展示活动,学校大力营造仿真与真实的学习和实践环境,让学生参与其中,接触高端,接近真实,感受氛围,提升科技进步对技术技能岗位要求的认知,做到赛练结合,学思并用,在真才实学的技能获得的导向中加深对慧雅教育的认识。

成长于国家飞速发展时期的新一代学生,要将自己的命运与国家的命运、自己的发展与国家的发展紧密结合起来。当前,国家也正在加速推动人工智能科技产业和数字技术相关产业的发展。学生作为社会主义事业的接班人和建设者,是国家未来的希望,学校应明确告诉学生要深刻认识未来人才需要什么样的知识与技能结构,并努力向之靠拢。

尽管中职阶段就学生发展目标而言,主要完成的是"筑基"的任务,但学校依然坚持让学生在具备文化底蕴的同时,拥有前瞻未来的眼界和应对变革的本领。因此,指向未来职业发展需要和个人持续成长需要的学习思维、探究热情以及新时代智能应用技术,是慧雅教育培育科学精神的主要方向。

简而言之，慧雅教育要培育的是"慧"学习、"雅"言行，勤于修身，善学乐学、品德高洁、技能精湛且具有后续发展能力的职业人，也就是慧雅型现代技能人才。

三、慧雅型现代技能人才培养的路径

根据新时代经济与社会发展的趋势，学校以"慧"发展、"雅"人文作为办学特色，坚持慧雅型现代技能人才培养的主要路径，推动学校高质量发展。

"慧"发展是指通过信息化办学、专业数字化转型发展、打造智慧化教学特色，建设拥有显著办学成效、有智慧特色的优质学校；"雅"人文是指通过弘扬民族文化，建设拥有符合学校特点的文化定位、有深厚人文底蕴的学校。而这两点恰好就是慧雅教育的外显特征，也是慧雅型现代技能人才培养的特色途径。

（一）"慧"发展是应对时代需求的创新焦点

1."慧"创专业，"慧"主线引领专业建设

人工智能赋能教育是实现教育现代化的最大助力。在职教领域布局人工智能，是职教改革、产教融合的新风口。为应对上海正在推进的智慧城市建设以及学校所属区域打造人工智能产业集聚区的发展目标，学校以前瞻的视野和意识，根据岗位需求调整培养方向和专业定位，将人工智能理念和技术应用引入校园、融入课堂，依托"慧"发展引领、赋能三大专业群发展。

学校通过"慧"发展的理念与技术应用，将传统优势专业和现代服务业发展紧密结合，面向新技术发展与民族文化传承建设所需的文物保护与修复、文创产品开发等专业。同时，学校适应区域经济发展的需要，聚焦计算机应用、数字媒体技术等专业，设置人工智能技术应用、数据科学与大数据技术等新专业方向，寻求行业中的领军企业进行全面合作，打造专业发展前沿平台，服务徐汇人工智能发展集聚区建设，为医疗、教育、城市管理等领域深化人工智能技术的应用提供大量基础技能人才，并与信息技术头部企业共建产业学院，打造校内企业联合工作室，加深产教融合。此外，学校对接旅游航空行业服务智能化运营模式转型，推进专业群智慧化、个性化服务相关课程建设，实现专业升级发展。

以智能化手段应对未来智慧旅游场景,提升中餐烹饪、中式面点等传统特色专业水平,使服务专业向精细化和高品质发展。

同时,学校打造了凸显智能化的智能服务实训中心、人工智能应用创新中心、智慧校园应用平台、慧学未来中心等,并将未来元素和智能技能充分融汇入专业建设与课堂教学全过程。

2."慧"汇企业,"慧"合作链接产教融合

学校与信息技术和人工智能等行业龙头企业紧密携手、深度合作,深化产教融合,推动"慧"发展建设,培养更多信息产业即智能应用行业的适用型人才,在人才培育、课程开发、信息化建设和师资培养等方面齐头并进,在大数据、云计算、人工智能场景应用等方面不断探索创新。

学校携手企业,布局"慧"教学,学校与行业风向同步而行,大力推进新形态专业教材的研发,构建数字化实验项目及教学资源库,打造即学即用的 AI 环境、构建集成教学载体。同时,校企合力在教师培养、学生实训、专利研发等方面开展合作,指向更加丰富的"慧"合作链样态。

3."慧"润教学,"慧"探究撬动教学创新

课程建设与专业教学是职业教育的根本,是技术技能人才培养的基石。围绕"慧"发展建设,借助专业课堂教学实践,探索人工智能赋能职业教育的路径和方法,也是学校长期探索的方向。

学校以探索人工智能赋能中等职业教育专业教学路径的共性策略与特色教学为载体,阶段式提高专业教学的精准化水平,提升学生在人工智能时代的专业学习成效,促进专业教学在教研和科研领域的创新。

"慧"发展有效赋能了各专业的教学改革与创新,创新开发的人工智能赋能专业教学的教学策略、实践路径以及案例成果,为人工智能教学模式提供清晰具体的实践范式。

(二)"雅"人文是综合素养培育的根脉传承

1."雅"心蓄能,实践职教育人新方式

学校依托优秀传统文化,与非遗传人、艺术大师工作室合作,打造了一系列

内容丰富、底蕴深厚的非遗传承课程与活动,为学生提供了丰富多彩的机会和平台。师生可以跟着非遗传人、工匠大师学习紫砂壶的制作、黄杨木雕的雕刻、古书画的装裱、文人香的制作,领略海派插画艺术的美妙,从而积淀历史文化素养、增强审美意识。

学校在"雅"人文建设工作中,重点建设文物保护技术专业,以传统技艺为核心,以工匠精神为引领,切实增强学生的文化素养与职业精神,并以此为起点,向外辐射,不断影响着学校其他专业的学生。

2."雅"育聚力,构建职教育人新样态

学校形成了以"雅育"课程为抓手的文化育人体系,开发全方位素养课程体系。在推进和完善非遗课程内容的基础上,打造民族文化传承节特色品牌,建设学生素质拓展中心,为民族传统文化传承和非遗技艺学习制作提供充足的空间。同时,整合各类素质素养课程,打造多板块、多选择、多层级的素养课程体系,借助课堂教学、社团活动、才艺展示等形式,如篆刻社、书画社、花艺社、海派非遗社、民乐社等社团,为学生提供实践与交流的平台,让学生交流思想、切磋技艺,深化传统文化素养,增强民族自信。

同时,学校与各类社会文化资源达成合作,经常举办主题文化实践活动,带领学生走进博物馆、艺术馆,了解历史文化的发展脉络,观摩传统技艺演绎过程,让学生认识、理解、弘扬中华民族文化,不断提升中职学生的综合素养与文化素养。

3."雅"文立校,深化职教育人新内涵

近年来,国家对职业教育提出了高质量发展的要求。高质量教育建立在普及、公平、有质量发展阶段的基础上,也表现出不同于教育以往发展阶段的新理念、新形态、新格局,集中体现在学校品质的整体提升上,聚焦在学校文化建设和改造上。① 因此,"雅"文立校,以文育人成为学校深化内涵发展的新路径。

"雅"文立校的意义主要在于注入"雅"的灵魂、提升核心竞争力,打造品牌、

---

① 曾天山.建设高品质学校文化的基本策略[J].中国民族教育,2021(2):8.

形成特色、促进个性化发展。培养师生的"雅"文化,是"雅"文立校的基础;塑造师生的精神文化,是文化立校的核心;构建学校课程文化,是文化立校的重点;打造校园环境文化,是文化立校的推手。坚持文化立校,反过来文化也会成就学校的发展。①

学校以培养雅为善学的慧雅学生为抓手,传承学校的文化积淀,凝聚全员的智慧、信仰和愿景,以人文浸润、实践提高的方式,让学生全过程受到优秀文化的滋养,在提高技能的同时,为今后的职业发展积累无限的可能。

立足文化,传承匠心。学校牵头成立了上海市职业教育协会中华优秀传统文化传承与创新专业委员会,将传统文化推广效应扩展至长三角乃至全国;实施"一带一路"课程输出计划,与"一带一路"共建国家学校合作,将中式传统面点、中式烹饪、古籍修复与装帧等中国特色课程输出至海外十余个国家。

在学校教育教学的整体推动下,学生热爱文化、坚守传承、技能精湛、力学笃行,有学生荣获"全国最美中职生"称号,入选世界技能大赛国家队,更多的学生则以品行获得赞誉、以技能服务社会,真正做到了素养与技能兼备、文化与智能并行,成为受社会欢迎的现代技能人才。

"慧"学习、"雅"言行的育人目标,"慧"发展、"雅"人文的培养路径,与"智能+""文化+"的办学特色交互支撑,形成了慧雅型现代技能人才培养的经纬脉络,全方位、多层次地赋能学生成长,让每个学生都能绽放出独特的光芒,成为新时代需要的职业栋梁。

---

① 张鹏举.文化立校的意义与路径探析[J].教书育人,2022(17):66-68.

第 二 章

厚德润心：
慧雅型现代技能人才培养的基础

【导语】

人才培养要注重基底与品质。作为慧雅型现代技能人才,必须具有品质、特质和优质。厚德润心,是学校为培养时代需要、社会满意的慧雅型现代技能人才打下的地基,也是衡量慧雅型现代技能人才规格的首要标准。

本章以"慧雅"为导引,以厚德润心为主线,重点阐述学校在完成立德树人根本任务的过程中,采取的特色做法以及成效,解决职业学校培养什么人的问题,从一个方面揭示了职业教育的特点和内容,也凸显了优质办学的价值。

"慧雅"的内涵与外延,契合了立德树人的培养方式、养成路径、提升空间的思路,符合具有立德树人的时代特征、职教特性、学校特点。将行规教育与非遗传承、劳动教育融合成厚德教育实践体系,将心理教育与家庭教育作为学生健康培养的有力支持,使慧雅型技能人才的培养更有基础,让学生未来腾飞的翅膀更有力量。

第一节　厚德教育的实践

德行有范，是培养慧雅型现代技能人才的出发点。让慧雅型现代技能人才具有品德的规范、公德的示范、职业道德的风范是必备要素。

坚持正确的办学方向，坚持立德树人，深入推进育人方式改革，是职业教育办学的要旨。慧雅办学思想契合立德树人根本任务的核心要求，"慧"中育德，使学生成长成才拥有坚实的奉献基础和服务本领；"雅"中强德，使学生融入时代、参与社会，培育深厚的家国情怀和民族情感，在成为现代技能人才的道路上保持正确的航向。

一、厚德从行为规范育起

使中职学生成为富有厚德精技内涵的慧雅型现代技能人才，是学校多年来坚持探索和践行的课题。学校将"五育"并举的要求和慧雅育人的内涵相结合，倾力培养慧雅型现代职业人，并将课程思政、行规教育、劳动教育、心理教育、家庭教育与社会实践有机结合，形成许多行之有效的做法。

（一）雅行育德成规范

行为规范是厚德的基础。行为规范可以培养学生自觉遵守规则和准则的意识，让学生在校规校纪、社会道德和法律法规的框架下行事，养成好习惯和品德，可以为学生提供安全的学习生活环境，助力学生接受优质教育、提升整体素质。学校以培养雅为善学的慧雅学生为目标，注重通过行为规范教育培养学生的雅行，使学生成为品德高洁、言行雅致的未来职业人。

1. 构建行规管理体系

学校将行为规范教育纳入发展规划，以行为规范教育为基础开展各项工作。设立行为规范教育工作领导小组，定期指导和研讨行为规范教育，全面负责部署和实施。落实全员导师制,充分利用班主任和导师,注重培养学生的行为规范,关注学生在思想和学习方面的成长。领导小组定期检查评估行为规范教育工作,总结反馈并解决新问题,推动行为规范工作全面深入开展。同时,建立行为规范教育网络体系,确保高效率、高质量地推进行为规范教育工作。

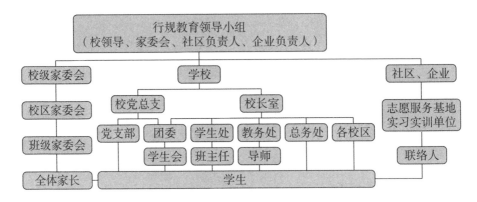

图 2-1　行为规范全员育人网络图

图 2-1 所示是学校的行为规范全员育人网络图,由此可以看到,上海市信息管理学校的行为规范教育以及管理是一个全员、全方位、全过程育人的完整体系,渗透在学校教育的每一个环节中。网络图中每一个环节的工作,最终指向的都是学生,目标是育人。

在培育慧雅型现代技能人才目标的引领下,学校将"有教养,会学习"行规教育总目标作为学校整体教育发展规划的重要内容,通过修订师德规范细则,提升教职工的师德修养和指导学生行为规范的能力,同时进一步梳理和细化所有的行为规范教育相关制度,全面加强师生行为规范管理。

2. 营造特色行规氛围

学校注重行规教育空间的打造,各校区利用校区宣传栏、走廊设计和教室布置等进行行规教育的宣传,利用教室门口的空间建设学校行规宣传墙,将学校育人目标和行规教育目标有机融合,引导学生学会做人,善行实践。每个班级的黑板报都留有行规角,将中职生公约以及由师生共同制定的有班级特色的班级公约和每月行规量化表等上墙。

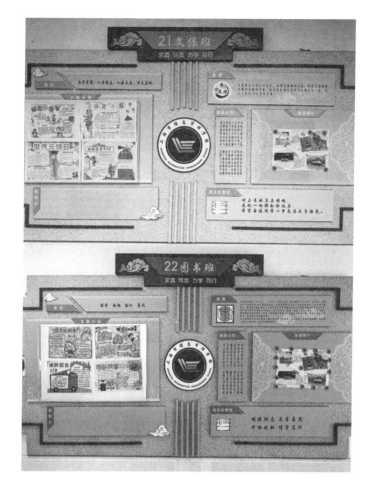

图2-2 学校行规宣传墙(部分)

图2-2所示就是两个班级教室门口的行规宣传墙布置，全面呈现了学校对学生的要求、鼓励以及期待。令人欣喜的是，文化墙不仅能够表达慧雅办学思想，也是学生展露才华、表达内心的重要平台。每一面文化墙最吸引人的地方就是学生自己制作的文化小报，他们把自己在专业学习、校园活动、社会实践等过程中的所思所得，通过精心的设计加以表达，既是对学习过程的小结，也是与学校文化的呼应。

（二）重点养成三种习惯

行为规范教育最终是为了养成良好的习惯。孔子说："少成若天性，习惯如自然。"养成良好习惯的意义重大,它不仅能够塑造学生的个性与人格,还能够影响他们的健康、人际关系以及学习效率。因此,学校尤为重视对学生学习习惯的培养,并努力将其转化为积极的力量。上海市信息管理学校的行规教育主要侧重培养学生的三种习惯。

1. 养成科学的学习习惯

学校制定了学生课堂常规要求,开展"安静两分钟,上好一堂课"活动,要求学生上课第一遍铃响起,立即回教室,静候老师。通过签订诚信考试承诺书,提醒学生要遵守考试规范,诚信考试。利用校园广播在晨会等时间进行学生学习方法的交流分享,进而倡导学生合理安排时间,提高学习效率。积极组织各级各类读书活动,通过图书馆新书发布、专家讲座等方式改进学生的学习方法,增强学生的课外阅读能力。在专业实践中,制定技能操作规范,根据操作标准和要求,培养学生注重安全、环保、健康、质量的意识和习惯。

2. 锻造规范的职业习惯

实训实习是对中职阶段学生实施思想道德教育、行为规范教育的重要途径,为此,学校结合校外实训实习的内容和特点,抓住学生参与社会实际、生产实际、岗位实际的时机,进行以行业标准和职业规范为重点的行规教育,增强学生讲安全、守纪律、重规范、求质量的意识。学校制定了上海市信息管理学校学生实习联系手册,与用人单位共同制定了具有专业特色的上海市信息管理学校各专业实习生评价机制,并安排班主任与招生就业办公室专职人员进行管理,与实习单位共同做好对中职学生的思想道德和职场行为规范教育的工作。

3. 匠成有序的公共习惯

学校立足开学典礼、升旗仪式、主题班会、重大节日等仪式教育,加强爱国主义教育,厚植家国情怀。学校与徐汇区检察院未检科及徐汇区未保办联合共建,强化校内外行为规范教育,增强学生遵纪守法的意识。将学校教育与社会教育相结合,借助社区之力,开展孝亲敬老等社会实践活动,在实践中融入遵守公共道德规范和社会公共秩序等公共行为规范的养成教育。

(三) 按年级分步实施

中职阶段尽管只有短短三年,却需要完成从孩子到大人,从学生到社会人的巨大转变。学生在每一个学年里,都有不同的成长任务。从行为规范教育的角度来说,为不同年级、不同专业的学生设定与职业相对应的行为规范要求,既符合学生成长和发展的客观需要,也有助于他们更好地完成角色的转变。

1. 科学制定阶段目标

学校以社会主义核心价值观教育为主线,依据学生的成长规律和发展需求,从培养慧雅型现代技能人才的角度出发,将与"慧"学习、"雅"言行的特质相对应的"会学习、有教养"作为学校行规教育总目标,对应学生在校的三个年级,分别制定自觉乐业、自律勤业和自悟精业三个分目标,随后通过阶段性推进的方式,有计划、有步骤地开展行为规范教育。

一年级目标是培养学生自觉乐业。通过开展生涯规划、职业道德和行业规范等方面的教育活动,引导学生充分了解、产生喜爱、最终热爱自己的专业和未来可能从事的行业。在这一年的教育培养过程中,逐步强化对语言文雅、举止优雅的要求,在培养专业认同感的同时,增强学生自觉管理自我言行的意识。

二年级目标是培养学生自律勤业。通过开展劳动教育、技能展示和社会实践等方面的教育活动,引导学生提高对自己的要求,学习自律、训练自觉,明确必须经过反复刻苦的操练才能收获精湛的技能,才能为未来就业打下坚实基础。在这一年的教育培养过程中,引导学生逐步加强自我约束和自我完善,勤奋实践,承担责任,增强自律意识。

三年级目标是培养学生自悟精业。通过工学交替、顶岗实践等方面的教育活动,引导学生通过在企业内获得的直观体验和感受,找到自己在意识和言行方面的不足,并在实习实训中提升职业素养,追求卓越。在这一年的教育培养中,注重培养学生良好的职业习惯、锻造工匠精神,引导学生努力成为一名具有"慧雅"特质的合格职业人。

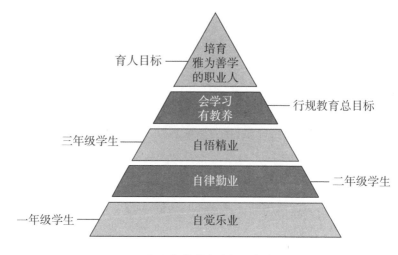

图 2-3　行为规范教育分年级实施目标图

图 2-3 所示是学校行为规范分年级实施目标图,清晰地呈现出学校阶段式开展行为规范教育工作的理念。在整个教育的过程中,学校也将通过为学生创设条件和提供舞台,引导学生自主管理,强化行为规范意识和实践体验,增强学生的行为自觉和行规自律。

2. 多管齐下拓展途径

学校将行规教育融入各学科的教学,以课堂行规教育为主,课外加以延展,实现课内外的教育联动。根据学生的认知水平和心理特点,确定专业技能操作标准和实训规范等行规目标,加强学生的行为规范教育。在提高素养和技能的同时,改善学生的精神面貌、培养学生的行为纪律,并将成效展现于日常学习生活中。学校建立行为规范评价平台,以校训为基础设定行为规范教育目标,从文明礼貌、勤俭节约、爱护环境和遵纪守法四个方面出发,利用数字画像技术发现学生的潜力与成长点,评价学生,了解学生的优势和不足,并提供针对性指导。

学校通过教师指导下的学生社团活动,全方位渗透行规教育。以学生社团作为载体,强化学生的内在驱动力,同时加强外在约束力,提升学生的综合素养。通过自主管理能力的培养,使行为规范教育成为学生的自觉行为。在社团活动中,不同社团都有相应的行规要求。此外,学生参与校园活动和社会实践时也会开展相应的行为规范教育。春风化雨，润物无声，让学生在潜移默化的熏陶中养成规则意识和言行规范。

学校通过"校—家—社"合作的方式，为有特殊需要的学生提供个性化帮助。在全面推行学校全员导师制的基础上，导师与有特殊需要的学生建立点对点的双向匹配关系，导师的职责和任务得到细化，实现一对一的帮扶。导师在学期开学前进行一次家访，学期中间开展谈心谈话，学期末撰写个性化的成长寄语，积极肯定学生的成长并挖掘他们的优点。这一系列措施推动了系统、有效的行为转化，也真正体现了行为规范教育的价值与意义。

 案例

春风之间全面发展　红旗之下书写青春

上海市信息管理学校 2019 级文物保护与修复专业中本贯通班学生蔡乐怡自 2019 年入校后，就将上海市中等职业学校学生综合素养评价平台理解为电子版的个人成长轨迹册。三年的记录和反馈让她充分认识到，综合评价对自己不断取得进步、获得全面发展有着强大的助推作用。

1. 职业规划不断清晰，坚定理想

第一次填写最想从事的职业、最想报考的专业时，蔡乐怡有些茫然，她只是按照所学专业类型填写。随着身心的成长和学习的深入，她逐步坚定了自己的职业理想。在学校举办的职业体验日活动中，作为文物保护与修复专业的学生，她成了活动中的"小老师"，指导学员们体验线装书的制作。正是这次活动让她有了较为明晰的职业发展方向。除了校内的专业技能训练，她还利用课余时间为自己"加码"，经常前往文庙淘旧书，并与同学讨论制定所淘旧书的修复方案，以强化技能，实现修书自由，这更加坚定了她成为"修复小工匠"的理想。这段经历也有幸登上了"申江服务导报"公众号。

2. 志愿服务由量到质，锻炼自我

第一学年结束，蔡乐怡成了学校志愿服务队的一员。在社区图书馆的第一次志愿服务工作,激发了她对志愿服务的热情。渔阳里团中央机关旧址纪念馆是她的第一个志愿服务阵地,此后,她还担任了宋庆龄故居讲解员、龙华烈士陵园纪念馆志愿者。她所在的志愿者服务队荣获 2020 年度"未来杯"社会实践大赛志愿公益类项目二等奖。三年来,她共参加了 30 余项志愿公益活动,志愿服务时长累计达到 479 学时,志愿者服务实践让她积累了丰富的社会经验和阅历。她说,如果能用奉献将爱传递给更多的人,在社会的大家庭中实现个人价值,那就是她莫大的荣幸。

3. 创新创业行远自迩,成就梦想

当创新创业大赛在校内启动时,蔡乐怡凭借志愿服务活动中积累的实践经验和自身在技能上的过硬实力,积极参与其中。她和"金石书韵"篆刻社团的另外四位社员组队参赛,结合专业特色,制作了五枚红色主题印章,获得了第二届上海市中职学生创新创业大赛种子赛道金奖。此外,她们结合学校非遗传承教育,凭借"'红'——红色文化服饰设计"获得了第七届中国国际"互联网+"上海赛区银奖。两次参赛经历,让她对创新创业有了更为清晰的认识,还极大地增强了她的社会责任感。她深感让传统文化焕发新的活力是当代青年必须要肩负的时代重任。

二、厚德从家国情怀树起

厚德,注重文化传承教育,培养家国情怀,一直是学校的重头戏,渗透在各个层面、各个环节的教育当中。依托学校文化类相关专业、民族文化传承基地建设工作以及学校地处徐家汇源的文化渊源,学校设立了系列化的文化传承节日,每一次都以不同的主题开展活动,不同专业的学生轮流担任节日展示板块的主角,其他学生也尽情参与,体验文化带来的魅力,感受文化传承的力量。

为了更好地传承和弘扬中华优秀传统文化,创造良好的民族文化传承教育氛围,全面提升学生的文化修养,学校开展了民族文化传承教育这一校园文化建设项目的探索和实践。通过对以非遗为代表的中华传统技艺的传承与弘扬,使得理解、认同、推崇中华民族传统文化在校园里生根发芽,茁壮成长。

（一）大师讲堂与大师课程植入文化种子

为了让学生能够近距离接触、了解并喜爱中华民族传统文化，学校从拓宽专业视野、夯实文化底蕴角度出发，在文化艺术、旅游航空两大专业群中充分挖掘资源，组建了上海市信息管理学校的行业大师团，定期邀请他们走进校园，为学生讲述文化故事、展示精湛技艺，并形成了系列化的"艺林和韵——文博专家系列讲堂"以及"工匠大师课程"。

原上海博物馆馆长、上海市文物管理委员会副主任陈燮君教授，以上海深厚的文化传统和文化资源以及不断探索发展的新型文化产业为例，讲述上海的城市文脉，并从文化创意产业的发展及国内外文化交流的角度，讲述了上海在推动文化创新方面的努力，让学生了解了海派文化的由来、演变和特征，也更加热爱自己脚下的这片土地。

原复旦大学古籍保护研究中心主任、国家古籍保护中心专家吴格教授为学生们讲述了中国古代图书的载体形态和演变历史，介绍了古籍修复技术的继承和发展。上海博物馆古书画装裱修复技艺团队的 8 位专家为学生讲述了中国书画装裱的演变历史以及世界级成就。这些都让学生深刻感悟到民族文化传承的意义，同时为中华传统技艺的精妙而惊叹。

原上海视觉艺术学院文物保护与修复学院院长许健教授、原上海应用技术大学材料科学与工程学院院长徐家跃教授、上海图书馆文献修复部王晨敏副主任为学生合作演绎了科学修复古籍的各种手法，让学生真正理解何为游走在古典传统和现代科技之间的跨界艺术，同时从各位大师的身上体悟到了"择一事、终一生"的工匠之心。

国家级非物质文化遗产传人、功德林厨师长张洪山大师为学生讲述了每一道功德林素食后面的或有趣或发人深省的故事，并教授了荷花鱼片、素蟹粉等名菜的制作过程，他精妙的烹饪手法引发了学生阵阵惊呼。

中国美食大师、上海工匠陆春凤大师以"传统经典点心的传承与创新"为题，讲述了融汇中西的海派点心的前世今生，并通过组合摆盘实操演示，让学生直观地体会到专业之美、文化之美。

系列大师讲座和课程已经成为学校的特色文化活动,海报一旦发布,就会让学生们奔走相告,争相转发,每一次的活动总是座无虚席。这是大师的魅力,更是民族文化的魅力。

(二) 非遗大师工作室精进中华技艺

非遗工作室是上海市信息管理学校在民族文化传承实践中的又一个创新。学校打破专业壁垒,以海派文化的弘扬与传承为主干,借助社会力量,组建了汇集长三角地区特色非遗传人的"非遗大师团",并以非遗大师工作室的方式开展教育工作。

非遗工作室通过课程建设、教师培训、学生培养、创新项目等渠道,在学校内营造出了极具特色的技艺传承氛围。学校为非遗传人打造了一间间独具特色的工作坊,让大师们能够定期到校,为教师解惑、为学生指导。

非遗工作室在对当前非遗传承教育及相关文化创意企业进行调研后,结合学校实际,提出了课程模块化、实训项目化、教学创新化的运行原则,三方面相互融合、相互渗透,通过资源整合培养具有深厚非遗文化底蕴的慧雅学生。

工作室基于学校专业及地域渊源而开设的古籍修复、古籍装帧等"缮藏"模块非遗课程,通过对古籍缮藏这一中华传统技艺的研习、理解和认同,传播中华民族传统文化之心在校园内生根发芽,成为展示上海中职生非遗技艺的特色品牌之一。

工作室将非遗美食与传统节日食俗相融合,开设红楼珍馐、时令美点、海派小食等"饕餮"模块非遗课程,让学生传承美食制作技艺的同时,在文化中挖掘素材,进而创新。

工作室为数字媒体技术应用专业打造了 AI 国风插画、数字水墨动画等"智能"模块非遗课程,引领学生用智能化手段赋能传统非遗技艺,以数字化手段传播非遗文化。值得一提的是,学生在民乐数字化传播课程中,采用数字化手段进行民族音乐样本的采集、加工、存储和传播,在民乐专场比赛中获奖。

学校在打造非遗工作室之初,是以让学生体验为目标的,但随着工作室建设的推进,学生的收获越来越丰硕。在每一次的言传身教中,耳濡目染大师们对技艺的尊崇、对民族的热爱、对国家的自豪,也成为学生们最珍贵的财富,深深影响了他们的思想和价值观。

（三）技艺传承社团实践传统技能

学校通过组织社团活动,让学生在文化熏陶、技能学习之后有更多练习和实践的机会。在专业本身的基础和常态化的非遗大师工作室影响下,学校与民族技艺传承相关的学生社团种类繁多、活动丰富,培养了一支高素质的掌握了中华传统技艺的学生骨干队伍。其中,古籍钤印社是技艺传承社团的典型代表,由其成员参与组织的上海市中等职业学校师生书画篆刻作品巡回展已连续举办了三届,古籍修复社和古籍装帧社学生的修复和装帧作品也颇受专家好评。

除此之外,学校社团在相关行业企业、学者大师等的支持下,成为培育学生素养的重要阵地。如,妙手书医社团由扬派书画修复传承人黄瑛指导,黄杨木雕社团由上海高级工艺美术大师毛关福带领,海派糖艺社团由上海西点名师张超领衔。

学生在学校的支持下自发组织和策划、自行实施与管理各类社团活动,实践了民族技艺技能,并依托传承进行创新,提升了综合素养。非遗文化节上,学生为自己的非遗传承技艺作品设计布展;数媒技能节上,学生举行中华文化专题海报、国风短视频制作比赛;海派美食节上,学生开展传统菜肴、海派点心制作大比拼。这些都是学生心里的文化种子生根发芽、茁壮成长的证明。

 案例

让传统"活"在当下

上海市信息管理学校为更全面地提升学生的文化修养、审美情趣和综合素养,为搭建更广阔的培养学生民族文化素养的平台,为向全市中职校提供开展民族文化传承教育的示范，更大范围地宣扬中华民族传统文化，更大力度地促进优秀传统技艺的传承，一场场精彩的"文化大秀"在校园里展开。

在古筝悠扬的旋律下，民乐社团的《渔舟唱晚》将在场人员引入民族传统音乐的世界。妙手书医、玉轴锦囊、方寸钤印、细针密缕、宗匠陶钧……光是听到这些匠心独具的名称，就已然让人遐想清风雅韵的古代时光，瞥见那些在传统文化中闪闪发光的遗珠。这些名称分别代表着古籍装帧、书画装裱、藏书印篆刻、旗袍书签缝制、紫砂鉴赏与创意等在内的十二项民族文化传承项目，组成了上海市信息管理学校非遗文化节的重要华章。

古籍、书画、藏书印、旗袍书签、紫砂摆件、黄杨木雕刻……一件件艺术品映衬着红墙绿树一字摆开；茶艺表演、古诗词吟诵、古乐演奏、书法国画演示使得大家流连忘返。

延续古典技艺，造就新时代匠心精神。为进一步推动民族文化传承工作的开展，学校与非遗文化传人以及工艺大师合作，开设紫砂鉴赏与创意工作室、黄杨木雕雕刻工作室等一系列非遗工作室。学校向黄杨木雕非遗传人毛关福老师、吴贵老师，紫砂大师周伯娟老师、谢永新老师、卢伟强老师、储彩琴老师，中国结专家张静怡老师等颁发了民族文化传承教育的特聘专家证书。

让传统"活"在当下，是上海市信息管理学校非遗文化节的口号，让先贤的智慧在年轻人心中生根发芽、开花结果，让新一代青少年拥有民族文化自信，为伟大祖国骄傲！

三、厚德从劳动教育悟起

劳动教育在职业学校教育中的意义和地位不言而喻。一方面，职业学校本身要培养的就是社会需要的劳动者，这是职业学校育人最基本的要求。另一方面，中职学生正处在迈向成年的重要时期，是逐步走向职业岗位、学习承担社会责任的重要阶段，需要通过体系化的劳动教育树立社会意识和社会责任感。这不仅关系到他们个人的未来，也关系到社会发展的稳定。有计划、有步骤的劳动教育和实践，尤其是有职业特点的职业劳动教育和实践，正是厚德的有效途径。

弘扬劳动精神,教育引导学生崇尚劳动、尊重劳动,让他们懂得劳动最光荣、劳动最崇高、劳动最伟大、劳动最美丽的道理,可以激励中职学生踏上工作岗位后辛勤劳动、诚实劳动、创造性劳动。学校根据实际,通过制定劳动教育清单的方式,教育引导学生在参加生活劳动、生产劳动、服务劳动三大类劳动实践活动的过程中,培养劳动意识和劳动态度,培育职业认同与工匠精神,激发创新能力与社会担当,最终长成德技兼备的现代技能人才。

（一）在生活劳动中培养意识、端正态度

通过岗位劳动,开展校园内的劳动教育。学校给不同年级、不同专业的每一名学生,在校园内安排了一个劳动岗位,并要求学生将其视作自己学习阶段的"工作岗位",按照职场工作的要求进行劳动。一年级的学生主要以校园公共区域的环境清洁为主,有公共过道的清扫、楼梯墙面的擦拭、洗手台的清理、宣传栏的除垢等。二年级学生则主要负责自己所在专业实训室的整理收纳、物品清点和检查。三年级的贯通学生则需要承担更加重要的岗位工作,比如计算机房设备的检修、校园安全的巡逻、午餐时间秩序的维护等。

学校以班级为单位,合理划分劳动区域和岗位,再由班主任结合班级学生实际情况安排具体岗位,并进行劳动方法的指导和日常工作监督。学生在教师的指导下,按照劳动要求完成每次的岗位劳动,互相督促。如有学生因病或因故未能参加劳动,班主任可按照职场规则进行考勤,为后续评优工作提供依据。值得一提的是,学校定期安排人员对学生的岗位工作完成情况进行打分,并以此作为班级荣誉评选的依据之一。另外,学校每年评选一次"岗位能手",重点表彰那些在岗位劳动当中态度端正、表现出色的学生。在这种校园氛围的感染下,学生愈加重视自己的岗位劳动过程和成果,也体会到了劳动的意义和荣光。

图 2-4 所示就是学校岗位劳动实施的流程图,明确了学生、班主任以及学校三个层面的任务与职责,也实现了相对体系化的岗位劳动管理。

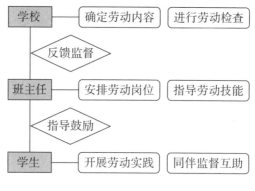

图2-4 岗位劳动实施流程

此外,学校也通过家庭教育指导的方式,建议家长在家庭内做好学生岗位劳动的培养和教育工作,让学生了解家务劳动、体会父母的辛劳,同时也承担起自己在家庭中的责任。我们把家务称为家庭劳动义务,每一个家庭成员都有义务承担起家庭中烦琐的劳动,这对学生来说无疑是观念的转变。通过这些方式,学校促使他们从只知索取、不懂付出的孩子逐步长成有劳动意识、劳动态度端正的成年人。

(二)在生产劳动中培育认同、树立精神

职业学校中的技能学习、实训和实践,也属于劳动教育的范畴,而且是极具特点的劳动能力教育,同时,在职业学校当中,敬业爱岗、精益创新这些职业精神更经常被提到,这又与劳动品质、劳动情感的培养高度耦合。因此,学校将劳动教育与专业教育、课程教育相结合,主要在专业课程、专业教学以及其他技能培养相关的教育活动中进行深化,推动专业认同、渗透匠心精神。

1. 在专业建设与课程实施过程中强化认同

结合不同的专业特点,将工匠精神构成的要素融合并渗透在人才培养方案构建、课程标准制定、教学资源建设、教学环境打造、管理制度、教学方法创新及教学评价考核等诸多方面,通过课程思政建设,以学生为主体,由教师主导,在专业课程学习的全过程中,培养团结协作能力、独立处理事务的能力,以及吃苦耐劳、严谨规范的职业素养等基本的职业素养和敬业精神。在专业技能训练中，通过职业的扮演获得对职业的认同，提前以职业人的身份进入真实的职业环境，体验认真、细致、严谨的工作精神。

2. 在工学一体的模式中塑造精神

工学一体是学习培养工匠精神的重要方式和极佳平台。通过学科专业学习和实际操作相结合，实施工学交替，让学生真正做到边学习边生产，既巩固了理论知识，又增强了实际操作能力，有利于职业素养的培养，促进匠心精神的塑造。

学校与企业合作，以校企联合工作室、技能大师工作室的形式，把校外的企业搬进学校，在校内进行生产劳动，让学生在校园里得到"真枪实弹"的操作训练，进一步拉近学校与企业的距离，实现企业生产和学校教育相结合，同时更注重职业精神的磨炼，让匠心精神内化为自身的一种职业意识，成为学生将来就业和创业的核心竞争力。同时，学校通过工学交替、顶岗实践，组织学生走进企业，零距离接受企业职业精神的滋养。在这个过程中，学生不仅要强化技能学习，练就职业本领，更要用企业的价值观念、科学管理等理念规则来约束和规范自己的日常行为与态度，即培养职业情感、增强职业意识、遵守职业规范、践行职业行为。

（三）在服务劳动中提升能力、锻造担当

从专业定位出发，学校要培养的是以现代服务业为主的技术技能人才，因此服务意识和能力的培养也是学校劳动教育中的重要内容，我们尤其关注服务的主动性和自发性。为了让学生在学校内能够积极主动地为他人服务、为集体服务，在学校外能够很好地完成志愿服务，学校为学生搭建了很多平台。

学校的东安校区有一个特殊的群体，他们因为客观存在的智力障碍，在学习和生活中需要得到更多的帮助。在一些特定的时刻，比如智障学生要外出春游考察、参加社会实践、召开运动会之前，学校会在全校范围招募学生志愿服务人员，随后对他们进行有针对性的培训，让志愿服务人员能够了解自己的服务对象、把握对象的特点、了解服务内容，随后融入智障学生的群体中，陪伴并帮助他们完成各项活动。令人感动的是，在深入了解了这个特殊的群体之后，不同专业的学生尝试运用自己的专业技能为他们服务。图书档案数字化管理专业的学生会定期陪伴他们去图书馆借书阅读，文物保护技术专业的学生会邀请他们参观土山湾博物馆并进行讲解，计算机应用专业的学生会定期到他们的教室里维护多媒体设备，数字媒体技术应用专业的学生还会协助教师为他们制作辅助学习的课件和动画视频等。在学校组织的服务活动之外，学生们自发地为特殊的伙伴进行义卖和捐赠，为他们提供支持和帮助，让校园更有温度、更显温情，也更凸显了劳动的意义和价值。

另外，学校组建了面向校外的志愿者服务队，服务地点包括社区、居委、敬老院、区域内爱国主义场馆、中小学校等。每一年的上海市职业体验活动现场、上海市教育博览会、上海进出口博览会等大型活动现场，也都有上海市信息管理学校学生志愿者的身影。学生课余参与志愿服务，将爱和温暖传递给身边的人，是勇于担当责任的体现，同时也是认识、了解社会，练就职业技能的过程，从中也可学到许多深刻的待人接物、为人处世的道理，加深对劳动精神的认同。

第二节　心理教育的护航

现代技能人才，需要强健的身心。身处飞速发展的时代，世界日新月异，行业更迭频繁，更加需要强大的内在自我和足够强的心理素质，以应对迈入社会之后可能出现的纷繁复杂。学校针对中职学校学生的就业与发展需要，聚焦自信、沟通、合作、创新四个重要的素养开展心理健康教育，夯实学生的心理基础，进而支持他们终身发展。

一、建"三维支撑、智慧赋能"的育心模式

学校根据中职学校学生的心理特点以及发展需要，确定了以树立自信、强化沟通、主动合作、发展创新为目标，开展了三维支撑、智慧赋能、培育慧心的特色心理健康教育之路，为慧雅型现代技能人才的培养保驾护航。

（一）整体构架，筑基蕴底

通过优化心理健康教育的工作体系与职责、完善组织架构与保障，学校建立起了培育慧心的整体架构，从课程、教学、辅导、实践等多个角度形成合力，为学生心理健康与发展助力，为技能人才培养筑基。

1. 育心体系与职责

三维支撑，通过"全面覆盖＋个别支持＋家社协力"三个维度架构起学校心理健康教育、服务与指导综合工作。学校以心理健康工作领导小组为轴心，通过完善心理健康课程、开展主题教育、组织多级培训等途径实现心理健康教育全覆盖，构建全面心理支持体系。作为徐汇区未成年人心理辅导分中心，学校协同各校区心理辅导室，由专家和学校教师组成的心理健康教育团队为需要咨询与辅导的学生提供个别化的心理服务，并以心理教师为轴心，构建个体心理支持系统。此外，学校充分认识到家庭教育和社会氛围对学生心理健康的影

响,通过开展有针对性、有特色的家庭教育指导和社区辐射工作,构建"家—校—社"合力的学生心理健康支持环境。

智慧赋能,依托学校"智能＋"学校建设与发展特色,充分利用信息化手段,借助学校心理网络平台建设,落实 24 小时在线咨询与危机干预在线联动,开展智能化心理健康教育活动和支持服务,引导学生融入未来社会发展,为生涯成长奠基。

2. 工作构架与保障

学校成立了心理健康教育工作领导小组,引领并保障心理健康教育工作的有序开展。学校将心理健康教育工作贯穿教育教学全过程,构建起了全员参与的心理健康教育工作架构。这项工作是在党总支的直接领导下开展起来的,汇集了学校各个条线的负责人与工作者。

依托心理健康网络平台建设,实现了学生心理健康档案信息化管理;进一步完善了校园心理危机干预三级运行机制,有效建立起与徐汇区心理健康教育中心和市、区两级专业医疗机构紧密关联的心理危机预防、干预和转介等工作制度和服务网络,并建立健全了学校、家庭、社区心理健康教育网络和协作机制。

学校心理健康教育相关功能室总面积近一千平方米,可以保障心理健康教育工作充分、有序、有效地开展。以心理备课组为核心的心理健康教育核心团队定期开展教学研讨活动,聘请校外心理专家团队开展面向全体教师的心理健康讲座、学生心理素质拓展训练指导、个别/团体心理咨询与督导、案例研讨以及面向班主任团队的心理健康专项培训及家庭心理教育培训等,逐步建立起人人都是心理健康工作者的学校氛围。

（二）分层推进,助力成长

从中职学校学生的心理发展规律和成长需要出发,学校心理健康教育主要以梯次递进、交互支持的方式进行推进。

1. 以教学和活动为载体,实现心理教育全覆盖

学校设有面向全体学生的心理健康课程,同时打造了校本的"慧心"心理平

台,制作了以自信、沟通、合作、创新四大心理素养培育为导向的系列微课,穿插在课程教学过程当中。其中有包括为星光技能比赛和全国技能大赛的选手量身打造的竞赛心理辅导课程,帮助参赛学生稳定情绪、增强"弹力",取得佳绩。

班主任按照学校要求,定期开展心理健康主题教育。心理类的学生社团也蓬勃发展,"心随乐动"心理剧社排演的校园心理短剧获全国中等职业学校"文明风采"校园情景剧比赛三等奖。学校开展的如心理健康月等心理主题教育,会通过公众号、心理Q空间定期推送,向全体学生宣传心理健康知识和服务信息,同时共享"家—校—社"心理教育资源。

作为徐汇区青春健康俱乐部基地,学校积极开展学生青春期心理健康教育指导与辐射工作,获国家级青春健康教育示范基地称号。

2. 以辅导和干预为抓手,落实个性化心理支持

学校心理辅导室每天中午面向全体学生开放,同时借助线上心理平台,24小时预约咨询,满足了全校学生个别心理咨询的需求。同时,学校为有共性问题的学生开展小组辅导,面向外来务工人员子女开设"爱沪"心理工作坊,面向各级技能大赛选手建立训练与竞赛心理辅导小组等,这些工作屡受好评。

学生的安全一直都被学校放在首位。鉴于当前青少年的心理健康需要,学校建立了系统化的心理危机预警与干预机制、完善的危机转介制度,同时针对个别支持系统有缺失的学生建立了高关怀学生预警和信息反馈系统,为学生织就了一张无形的安全网。

3. 以科研和项目为依托,促进师生共同发展

学校重视以科研带动教育教学发展,在心理健康教育工作中,也十分鼓励教师以中职学校学生的心理素养培育为目标,开展课题研究工作。多年来,心理教师以及其他教师开展的与心理健康教育有关的课题研究20余项,其中包括上海市教育科研规划课题、上海市学校德育实践研究课题、中国教育学会"十三五"规划课题等,教师发表心理健康教育相关的论文十余篇。所有的研究成果都是基于教师的教育实践,是在对日常所遇到的问题进行充分思考和深入研究之后获得的。依托科研引领,教师的研究能力与教育教学能力得以提高,

也最终惠及了学生。

二、以特色举措育人培心

在探寻慧雅育心之路的过程中,学校基于教师特长、学生特点和育人目标,逐渐形成了一些有上海市信息管理学校特点的做法,得到了学生的认可,促成了正向、温暖的学校心理氛围。

(一)教育戏剧渗透专业教学实践,沁育慧心

作为一所职业学校,专业学习和职业发展是学生培养的重要内容与方向。学校与北京师范大学应用戏剧中心、上海戏剧学院"蝶羽"项目组等开展合作,尝试将教育戏剧融入专业课教学,积极探索在专业学科教学活动中渗透心理健康教育理念的有效途径。

学校心理教师与专业教师一起,在专业课程中开展以教育戏剧为形式的项目式学习,让学生在专业课的自主学习过程中,体验和提升自我效能感、培养沟通与合作能力、激发生涯规划意识等。该专业教师运用"双盲"戏剧形式完成的专业课程教学设计,获全国旅游职业院校课程展示活动优胜奖。在专业教学中渗透心理健康教育的理念影响到了学校其他专业的教学。文物保护技术专业教师团队在古籍装帧专业教学中,创造性地提出"四心四性"学生培育原则,将心理操、心理表象训练等融入专业教学活动设计,获上海市中职教师教学能力大赛特等奖。

(二)特别关爱支持特殊学生个体发展,润泽慧心

学校形成了以"助融合、促发展"为导向的特殊学生个别化心理健康支持方式,助力特殊学生个体发展。基于对特殊学生实际思维水平和未来发展需要的考量,学校以提升自信、促进沟通、合作融合、实现适应为目标,专门设计了心理健康教学内容和心理康复辅导方式,主要通过课堂团体活动,如专题心理素养训练、沙盘治疗、真实情境应对演练等,落实对特殊学生社会适应及职业适应能力的综合培养。

学校为个别进入普通中职班级就读的特殊学生建立起真诚接纳的无障碍融合环境，在特教部教师和心理教师的指导与及时介入下，由校区德育团队开展适合他们并且能够支持他们成长的心理教育与指导。以关爱、互助为原则，为特殊学生组建同伴融合小组，以支持、辅助为措施，落实班主任及任课教师对特殊学生的心理指导，凸显"和乐"的校园氛围。

（三）青春教育护航学生健康成长，滋养慧心

青春期是学生发展的重要时期，由于必然产生的身心变化，势必会给学生带来各种困惑与问题，需要给予他们正确的引导和有效的支持。学校十分重视在校学生普遍存在的青春期成长问题和学生的发展需求，并力求通过各种方式，助力学生健康成长。

学校作为区域内的青春健康俱乐部基地，一方面通过课堂教学以及开展各类主题活动，帮助学生正确认识青春期，正确处理青春期的困惑；另一方面，通过讲座和沙龙，让家长和学生一起学习有关青春期身心发展特点的知识，达成亲子间的有效联结，缓解亲子冲突和家庭矛盾。

此外，面向学生，学校从亲子沟通角度开设了"亲子沟通 Q 课程"，该课程从不同的情境教会学生与父母沟通的技巧。

表 2 - 1　亲子沟通 Q 课程（节选）

项目名称	亲子沟通 Q 课程	
学习情境 1	说服父母做一个决定	说服父母参与亲子 Q 课程的各项活动
学习内容	1. 选择合适的机会和方式，说服父母同意参与亲子 Q 课程的各项活动； 2. 在说服过程中，能够使用两到三种言语沟通技巧； 3. 使用手机等电子设备记录相关过程，并将其发送到网络空间； 4. 通过课堂讨论和交流，反思沟通过程，改进沟通技巧	
学习情境 2	教会父母做一件事情	教会父母使用 QQ 等技术参与课堂活动
学习内容	1. 选择合适的机会和方式，教会父母使用 QQ 等技术参与课程活动； 2. 根据每个家庭的具体情况，选择适宜的方式方法，设计出简要的方案； 3. 使用手机等电子设备记录相关过程，并将其发送到网络空间； 4. 通过课堂讨论和交流，反思教和学的过程，改进沟通技巧	

（续表）

项目名称	亲子沟通 Q 课程	
学习情境 3	向父母介绍一些朋友	向父母介绍自己的小组学习伙伴
学习内容	1. 预先使用手机等电子设备拍摄 3 分钟的录像，作为学习小组的宣传片； 2. 使用手机和网络技术，向父母介绍自己的小组学习伙伴，使他们了解自己的学习环境； 3. 请父母和你的小组学习伙伴交流几句话； 4. 如不能直接参与课堂讨论，可使用手机等电子设备记录相关过程，并将其发送到网络空间	

以上就是学校开设的青春期沟通课程，在促进亲子沟通方面有着十分积极的意义。很多学生都在完成课程作业的过程中拉近了跟家人的距离。学校的青春健康俱乐部被评为国家级青春健康教育示范基地。

第三节　家校共育的力量

在厚德育人的实施中，家庭始终是一个不可忽视的力量，因为慧雅型现代技能人才的培养是一个系统工程，需要家校协力，形成同心合力，从而产生校内校外的共振效果。

一、创"三位一体，两翼互助"的新样态

学校在家校共育中，创造了"三位一体，两翼互助"的新样态：三位一体是指构建以家庭教育为基础、学校教育为主导、社区教育为依托的三方协同的合作育人新途径；两翼互助是指对学生青春期所遇到的共性问题依托青春健康俱乐部与对不同专业学生所遇到的个性化问题采用小组式团体支持的"两翼"互助新策略。"三位一体，两翼互助"新样态的构建，使得学校的家庭教育工作走上了良性可持续发展的轨道。

（一）从立德树人的根本任务出发，统筹规划

学校围绕立德树人根本任务和慧雅型技术技能人才培养目标，提出家庭教育总目标，根据年段，结合专业群特色，引导家长树立正确的家庭教育观念。提高家长整体素质，优化家庭教育环境，健全家庭教育工作机制，构建家庭教育课程体系，建设一支研究型的家庭教育指导师团队，深入探索家庭教育指导新模式、新途径，使校内校外教育协调一致，形成家校合力，促进学生健康成长。

学校的家庭教育指导工作以培养学生的职业核心素养为有效抓手，以小组式团体支持和青春健康俱乐部建设的点面融合的"两翼"作为问题解决突破口，以社区志愿者为助力，将家庭教育引入为学校教育的有机力量，增强家长陪伴学生的意识、增进亲子情感，使家长"读懂孩子，陪伴成长"，成为学生健康成长的陪伴者，共同与学生一起走过青春经历，营造和谐的家校合作关系，提升学

校、家庭、社区协同育人成效。

（二）以组织架构与内外协作为基础，健全机制

为了做好家庭教育的相关工作，学校建立了由校长负责、分管校长牵头的领导小组，完善了家庭教育指导工作组织架构。领导小组由校长、家委会主任、分管校长牵头，成员来自学校、家委会、社区，共同组成。每学期至少召开两次会议，主要负责制定学校家庭教育发展规划、目标、制度等文件，重大活动决策，统筹各类资源，建立家庭教育工作机制，开展家庭教育研究，结合校情全面领导和有序推进全校家庭教育工作。

由各年级组长及班主任组成的骨干团队成员主要面向家长，落实学校家庭教育指导的具体工作，包括召开班级家长会、家访、日常联系、个别指导等。由各校区德育主任、班主任名师、家庭教育指导师、专职心理教师等组成的家庭教育核心团队统筹规划校区家庭教育指导工作，为校内开展家庭教育工作中出现的问题进行解答和指导，为家庭教育指导工作中出现的棘手问题提供专业的支持。同时，学校聘请知名的家庭教育专家、邀请部分优秀家长代表组成兼职团队，参与学校家庭教育各项指导工作。

考虑到学生家庭所在社区对家庭环境以及教育氛围的影响，学校不断加强与街道和社区的合作，在社会层面广泛普及家庭教育知识。同时，依托社区开发社区教育资源，以青春健康俱乐部为平台，开展学生心理讲座、亲子沟通指导培训、学生社会实践等。这样既有利于营造良好的成长环境，又为学生提供了服务社区和体验实践的机会，学校、社区的交互融合也更有助于学生的正向成长。

（三）以落实全员导师制为依托，培养师资

学校是上海市首批落实全员导师制的中职学校，全体教师都担任了导师，都参与到育人工作当中，自始至终关注、指导、教育每一个学生。

开展家庭教育指导工作是导师的工作职责之一。学校面向全体导师开展家庭教育指导理论和方法的培训学习，不断提高他们的家庭教育指导理念和工作水平，并通过家庭教育专题讲座，帮助全体导师了解家庭教育的规律和理论，

让他们成为学校家庭教育工作的重要力量。

同时，学校以班主任为主力军，建立了一支稳定的家庭教育骨干团队，该团队主要负责贯彻落实学校的家庭教育指导工作，帮助家长增强责任意识，提升个人修养，成为孩子尊重的好家长，同时通过教育实践活动，指导家长掌握家庭教育的科学理念和方法。

此外，学校招募了一批社区志愿者配合学校开展家庭教育宣传和指导工作，为学校提供相应的资源，将学校家庭教育工作内容和方式引入社区，提升社区居民家庭教育水平。

二、以家校共育呵护成长

家校共育是一项复杂、艰巨的工程，其效果如何不仅考量家、校的共同智慧，更需要彼此的信任、合作和协同。要实现家校共育的"和心"目标，离不开家长委员会、家长学校以及家访等常规的家庭教育形式。通过"求共识—谋合作—共发展"的共育实施机制，学校建立起了和谐和良性发展的家校关系、师生关系、亲子关系，形成了"和心"共育文化。

（一）强匠心、树品行，增进家长对职业教育的认知和理解

职业学校的学习要求与导向，与原来的义务教育阶段有着较大的区别，因此职业学校首先要做的就是让家长了解并接纳孩子即将面临的学习环境，通过理解专业和学习要求，跟孩子一起找到未来的希望。

新生报到第一天，学校都会召开面向全体新生和家长的专业介绍大会，由校长向家长阐述学校的办学理念和育人目标、各专业特色和人才培养方向，让学生和家长对学校各个专业有深入的了解。随后，学校会组织家长参与到新生家长会、五月歌会、学生运动会、传统文化艺术节、家长接待日等各种活动的组织与策划中来，力求让更多的家长走进学校，体验学生的校园文化生活。尤其是在学生入团、十八岁成人、毕业典礼等成长关键点的仪式中，家长在与孩子全程参与中共同体验，进一步加深对孩子的了解，见证他们的成长，同时把学校和

家庭紧密连接在一起。

同时,学校充分利用微信公众平台、腾讯课堂、学校在线平台等新媒体形式,公开发布学生在校的各类活动、推送家庭教育专业指导内容、开放线上家长学校、公开学校各项教育教学信息,让家长能够充分了解学校动态、及时学习家长学校课程,获取家庭教育指导资讯,打通各种沟通渠道,实现学校与家长的即时互动,保证联系畅通。

 案例

跟着孩子一起"玩"

"老师,我儿子每天玩电脑玩到半夜,跟我说是学校作业,到底是不是呀?"

"老师,你们能不能不要布置电脑上的作业呀?我搞不清楚的,让我怎么管小孩呀?"

"老师,我不知道小孩专业作业怎么做,怎么办呀?"

……

作为数字媒体技术应用专业的班主任,陈老师最常收到的就是上述这样的短信,短信背后是家长们面对孩子沉迷网络的焦虑和无奈。在数字媒体技术应用专业的学习中,学生要花很多时间接触网络,而且现在的学生也大多较为热衷于网络、游戏等,不合理使用电子产品的现象非常突出。家长无法判断孩子每天在家对着电脑究竟是在学习还是在玩乐。有些家长采取横加干涉,有些家长选择不管不顾,导致剧烈的亲子冲突和学生学业明显落后的情况。

为了帮助这些家长更恰当、更有效地"管"自己的孩子,陈老师向全体家长发出了组建专业进步合作组的通知,目的是让这些对孩子的学习内容不甚了解的家长了解信息技术类专业的学习内容、操作流程以及作业要求,引导家长理解孩子的专业特点,同时尽可能在学习上给予孩子适当的监督和指导。

通知一出,自愿报名的家长超过了班级半数。为了让这个合作组的活动开展更有效,陈老师请来了学校的德育领导、心理教师一起组织和开展活动。最重要的当然是本专业的教师要用专业知识消除家长对网络使用的疑虑，同时指导家长掌握一些专业指导语，以提升家长在孩子心中的威信与地位。

上述小组活动一般放在全校性的家长会之前，一学期两次，报名参加的家长都很积极，很少有人请假或缺席。由此可见家长们的迫切之情。

班主任主要负责每一次活动的组织，和专业教师一起确定活动的内容和主题，做好当天活动的记录和后续的跟踪。学生在校的两年里，他们班总共开展了 7 次主题活动，受到了家长们的欢迎和肯定。

专业进步合作组活动安排

序号	活动内容	活动目标
1	专业教师讲座：网络的利与弊（参观专业实训室）	指导家长正确认识网络，初步了解孩子所学的专业特点
2	德育讲座："契约"管理	指导家长掌握"契约"制定的方法与实施过程
3	专业教师教学：专业作业的要求	指导家长了解学生在家完成专业作业时所需的时间、实施的流程、可能涉及的页面等
4	家长论坛：交流"契约"实施的成效，讨论得失	主持人引导家长交流在家中实施"契约"管理的情况，互相找出问题、提出建议
5	专业教师讲座：让孩子对你刮目相看的实用小技巧	指导家长了解并练习使用专业名词和教师常用专业指导语
6	听听孩子的声音：播放前期在学生群体中的采访录音，组织家长开展讨论	引导家长了解孩子的真实想法与感受，体会因自身教育方式改变而引起的孩子思想转变
7	家庭教育讲座：为孩子的未来喝彩	指导家长关注新兴行业下孩子未来发展的无限可能

陈老师认为，中职学生已经接近成年，应该要学会并使用社会规则，尤其是讲诚信的契约精神。因此，在班级管理当中，陈老师推行了契约管理的方式，要求学生说到做到。在专业进步合作组商讨如何引导孩子正确使用电脑时，陈老师

提出了契约管理的方法，并对家长进行了培训。首先，要求家长信任自己的孩子，这是签订契约的基础；其次，契约的内容不能只有对孩子的规定，对家长也要有制约的条款；再次，契约的所有条款需要得到签订双方共同的认可；最后，亲子双方须共同遵守所签订的契约，一旦一方违反要求，所商定的处罚条件必须不折不扣地执行。

同时，陈老师要求家长们要能够互相督促、互相提醒，并通过学生反馈验证成效。家长们有了动力，也有了约束力，家庭契约的推行使她在班级中开展契约精神教育更加顺利。

合作组的建立，让家长们找到了组织，找到了同路人，他们常常在小组活动时互诉衷肠，把自己的苦恼和烦闷宣泄出来，同时还共享了有用的信息和社会资源。

有一位家长在网上看到运动可以减轻网络成瘾，于是约了小组内的数位家长一起，每天带着孩子一起跑步，遇到哪位家长加班不能跑的，其他的家长就替他陪孩子跑。久而久之，孩子养成了运动的习惯，身体好了，每天打游戏的时间也少了，朋友多了，精神面貌也好了。这真可谓是意外之喜！

（二）树美德、塑品行，促进亲子理解与尊重

在亲子关系中，互相尊重是建立和谐家庭的重要基石，只有父母和孩子之间相互尊重、信任、理解和支持，才能够建立起良好的亲子关系，促进孩子的健康成长。但尊重的前提是了解、理解和接纳。

学校在家庭教育工作中，十分注重通过氛围的营造和恰当的指导形成和谐、宽容、接纳的家庭氛围。而家长学校就是实现这一目标的重要依托。

学校非常重视家长学校的建设工作，强调要在充分调研的基础上明确共性问题，要在充分研究的基础上制定有效课程，要在考虑全面的前提下组建师资队伍。同时，学校从目标、内容、途径、方法上加大改革的力度，在目标上尊重个体差异，在内容和方法上强调互相尊重，注重指导育人方法和构建民主平等的亲子关系。

案例

以促进理解与沟通为目标的家长学校

学校通过前期调研，从家长对孩子的了解程度、与孩子的相处情况、教育孩子的主要方式、关心孩子的侧重点等几个方面掌握了学生家长对家庭教育指导的需求，进而确定并组织了家长学校的主题板块。

以"新生适应"家长指导为主题开展家长指导工作。主要以各专业的人才培养要求和学习特点为主，帮助家长了解职业学校与原来的义务教育学校在育人目标、学习要求、特色活动等方面的区别，引导家长与孩子一起勾画美好未来。

以"亲子沟通"为主题开展系列家庭教育活动。主要结合青春期孩子的身心特点，看到孩子背后的正面动机，重新定义孩子的行为，找到沟而不"通"的障碍。通过多请求少命令，多接纳少拒绝，多讨论少教训，多善解少误解的"四少四多"，父母从倾听开始进行有效沟通，父母明确他们的点滴进步和改变，是改善亲子关系的关键。

以"理解、接纳——青春期"为题进行专题指导。特别邀请心理专家对家长进行专业的培训。让家长了解青春期孩子心理发展和行为模式的特点，从典型案例分析心理问题的成因，帮助家长提高理论水平，理解孩子在青春期所出现的叛逆、情绪、人际交往等方面的问题，学会正确的沟通和应对的方法。

家长学校专题指导概况

	专题	主题	时间	形式	备注
1	"新生适应"专题	适应——新生家庭教育指导讲座	7月	讲座	
2		启航——各专业新生专题家庭教育指导会	9月	讲座	
3	"亲子沟通"专题	亲子沟通——互助式家长沙龙	11月	沙龙	自愿报名
4		个别辅导——家长接待	2月	班主任个别指导	

（续表）

	专题	主题	时间	形式	备注
5	"理解、接纳青春期"专题	理解——考后家庭教育指导	4月	专家讲座	考试后
6		接纳——互助式家长沙龙	2月	专家主讲	自愿报名

家长学校的专题培训、指导、实践活动帮助家长学会了尊重和信任孩子，掌握了培养孩子独立、自主、健全的个性和自我管理能力的方法，提高了家庭教育水平。

值得一提的是，我们的家长学校师资队伍中有专家，有教师，也有家长志愿者。学校每学年组织6次以上家庭教育指导和实践活动，有针对全校家长的主题式辅导讲座。

同时，为了进一步推动家庭教育指导工作，学校面向家长开发建设了2门家庭教育课程。一是"了解你的孩子——青春期自我同一性"，该课程从引导家长认识，到关注孩子心灵的成长，教会家长用心理营养滋养孩子心理需求；在面对青春期孩子建立自我同一性的过程中，家长学会如何帮助孩子正确地看待自己，引导孩子度过这段时期。二是"良好家庭教育成就孩子人生"，这门课程引导家长认识到家庭教育的重要性，并掌握积极家庭教育的理念和应具备的心态。

（三）重拾期待、转化观念，重视学生个性化问题的个别家庭教育指导

每个家庭呈现出的现状背后都有着不同的故事，每一个孩子成长过程中也都会发生不同的经历和内在感受。对待家庭教育问题，学校坚持具体问题具体分析。

家庭教育当中大部分的共性问题都通过主题活动、家长学校、家长会等方式进行统一的、集中的指导，但对学生个性化的成长问题，需要采用个别指导的方式加以解决。

家访是开展家庭教育个别指导的有效形式，可以实现沟通信息、融洽情感、

协调统一、提高指导效果的作用。因此,学校非常关注家访的有效性,制定了完善的班主任家访制度,对家访的步骤、质量等都提出了细化的要求,如每次家访都需要做好家访记录表、家庭教育指导手册的相关记录。

当然,家访只是开展个别化家庭教育指导的形式之一,个别指导的地点绝不拘于家庭当中,无论是教师办公室、专业实训室、心理辅导室,甚至是学校大礼堂和操场,也都可以成为指导的"阵地"。

 案例

抬起头,我的姑娘

新生报到的第一天班主任严老师就注意到了小怡。这个班是航空专业的中高职贯通班,孩子们都是面试后进来的,成绩还可以,形象也都不错,严老师做自我介绍的时候,几乎所有的孩子都看着她,脸上或微笑或淡定,眼里闪烁着新奇。但,小怡除外,她全程低着头,自始至终没有让老师看清她那清秀的脸庞。

家访的那天,严老师遇到了她的父亲,一个憨厚老实的汉子,也一直低着头,仿佛生活的压力已经让他无力抬头。这是一个低保家庭,小怡有个双胞胎妹妹,因为妹妹生下来就有先天性心脏病,耗光了家里的积蓄。初二那年,母亲熬不过这种苦一走了之,至今音讯杳无。父亲带着两个女儿生活,日子过得拮据。因为妹妹的重病,父亲将绝大多数的注意力放在了小女儿身上,对小怡的关注显得很少。进入青春期之后,这份缺失愈加明显,以至于小怡逐渐长成了一个消沉、忧郁的女孩,沉浸在自己的世界里。

严老师知道,要让这个姑娘抬起头,不是一件容易的事情。

在一堂主题班会上,严老师安排了一个同学互相送赞美卡的环节。小怡收到的赞美卡不是最多的,但在拿到同学们写给她的卡片后,她抬起头看向老师,脸上满是惊讶。

同学和老师给了她很多的赞美:温柔,有力量;文笔优美,每次作文都能拿高分,真令人羡慕;勤劳,和你一起做值日总是很轻松啊;自律,上课从不讲废话,行为规范分数最高的同学;你笑起来很甜啊,可是很少看到你笑……

在活动的最后,严老师特地请她说说参与的感受,她的眼眶湿湿的,说:"我一直以为我是班级的隐形人,从来都是同学们聊得热火朝天,我自己在角落里孤独地待着,我从来不知道大家会给我写这么多优点,很多是我自己都没有发现的……"

活动结束的当天,严老师陪着小怡带着一堆赞美卡回到了她黑魆魆的家,路上她告诉老师:妈妈走的时候,她就觉得自己被抛弃了。平时在家爸爸眼里只有妹妹,总是让她做这个做那个,虽然她也知道爸爸辛苦,她要多承担家里的事情,但心里还是很委屈。从小到大,爸爸从来没有表扬过她,这次能得到这么多赞美,她真的很激动!

回到家,她很开心地把卡片拿给躺在床上的妹妹,妹妹说:"姐姐,你好棒呀! 这么多人喜欢你!"她的父亲看起来有些手足无措。严老师笑眯眯地看着这家人,又扔下一个"炸弹":"小怡是个特别优秀的孩子,而且有特长,是一个不可多得的写作好苗子,我想让她参加星光计划的演讲比赛。"小怡和爸爸同时抬起头看向严老师,异口同声地说:"我/她行吗?"严老师回答:"当然,我的眼光绝对好!"

出门的时候,严老师对这位憨厚的父亲说:"你的生活很辛苦、很不容易,但你的压力不应该转嫁到孩子身上。你的沉默、你的从不夸奖、你偶尔的暴躁,让这个看似温顺的孩子内心深埋着伤心和自卑,她没有了母亲的爱,又得不到父亲的肯定,就会失去面对世界的自信。"小怡父亲有些激动,他说:"她平时很乖,也不多说话,我一直以为孩子就是害羞、内向,没想到她原来有这么多心思没说出来。"于是,严老师与他约定,每天抽出时间和孩子聊聊学校里发生的事情,了解孩子的观点和感受,偶尔和孩子谈谈他在工作中遇到的问题,增进彼此之间的理解和支持。

而后,这个憨厚的汉子像完成"作业"一样,通过家校反馈表定期告诉班主任严老师他表扬了小怡什么、小怡跟他说了什么。同时,严老师能感觉到小怡的情绪在一天一天变好，抬头多了，笑容多了，和同学的交流也多了。

学期末，严老师邀请小怡父亲参加了学校星光大赛的初赛，看着大女儿羞怯但坚定地站到台上，抬头挺胸地发表演讲，他抑制不住地热泪盈眶……

学校的支持、家庭的呵护，让小怡从一个内向、沮丧、对自己不抱希望的孩子，慢慢学会了抬起头对着众人讲话，学会了和爸爸良好沟通，最终成为上海市"星光大赛"职业技能大赛演讲专项比赛的金牌获得者。之后，她也表现得越来越自信，成绩也越来越好！

（四）传递温暖、互为支撑，探索群体家庭教育指导

职业学校相对普通学校而言，具有一定的特殊性。多层次的学生结构决定了职业学校家庭教育指导需求的多样化。无论从学生发展需求角度，还是从家庭结构、家长文化程度等角度，都要求职业学校在开展家庭教育指导过程中，关注到不同群体的不同需要。

伴随学校教师对学生家庭情况了解的逐步深入，学校再通过征求意愿和鼓励家长参与的方式，组成个性问题的支持小组，以团体辅导为主要方式，开展有针对性的群体家庭教育指导活动。

学校为各个小组安排了一名家庭教育指导师，作为群体家庭教育指导活动主持人，通过现场互动的方式，引导家长表达自己的问题，并借助部分榜样家长现身说法，引导组内的家长直视自身的问题，并在专家、指导师、同伴的支持下探寻调整和改变的途径。

 案例

和孩子一起学习成长

如何面对孩子因缺陷带来的问题？如何正确地"爱"和"保护"孩子？如何与智障孩子建立起双向的亲子互动？甚至，如何应对旁人的闲言碎语？……这些问题，都一股脑儿砸向了这些被上帝选中的家庭，让家长们措手不及。作为

智障学生的家长,从知道自己的孩子不同于常人开始,他们就经历着打击、质疑、焦虑乃至绝望的漫长心路历程。

为了帮助这些痛苦的家长,学校发布了"征集令",邀请对家庭教育存在困惑,愿意参与学校教育工作的家长参加。通过自愿报名和班主任推荐的方式,组成了由特殊学生家长、班主任、家庭教育指导师共同组成的成长研习社。

学校请来家庭教育学会的专家为全体成员开展了题为"成长发展与家庭支持"的讲座,阐明了家长和教师的真诚接纳与积极关注能够对孩子成长产生的巨大作用,并给出了很多有助于孩子正向发展的建议。家长们的脸上有了些许深思……

而后,家长代表小成妈妈真诚地分享了自己和自闭症儿子之间的故事:

她和先生都是事业成功的高知人才,却不想从满怀喜悦期待孩子降临,到医生宣判感受巨大冲击,从坚决不信四处求医,到辞职陪伴教导学习,在一次次失败后,她的焦虑愤怒最终导致孩子罹患了失语症……

而后,她痛定思痛,逐渐接受现实,调整期待,将养育孩子的目标定位在自理自立。在被恰当期待并温和对待之后,她的孩子开始回馈给她惊喜:第一次主动找爸爸妈妈说话、自己料理好生活琐事、成为学校升旗手、担任音乐会主持人……她用自己的亲身经历告诉组内的家长同伴,接纳才是为人父母最重要的事!

在小成妈妈分享经历之后,家长们纷纷动容,眼里满满的感动和认同,有些家长甚至抑制不住激动,表白了自己的内心。有一位家长说:"今天,我才知道自己不是孤单的,觉得心里轻松了很多很多……"

成长研习社就是这样一个属于他们自己的平台,在这里,他们被同伴们真诚地接纳,可以不受指责并得到切实的帮助,在互相倾诉和询问交流中,他们感受到了被接纳带来的强大力量,更拥有了面对孩子和未来的勇气。

在参与研习社活动的过程中,家长开始了自我的探索与提升。内省自己的问题、思索他人的建议、与同伴探讨、向专家取经,一遍遍刷新教育的观念,一次次发现孩子的亮点,自己和生活一点点发生着改变……

第 三 章

课程发轫：

慧雅型现代技能人才培养的主体

【导语】

人才培养需要阳光雨露，而课程是培养慧雅型现代技能人才的主要载体。学校要培养具备职业发展潜能、拥有复合能力与多元素养的慧雅型现代技能人才，就必须在课程上做文章，让课程也具备可持续发展力。

本章讲述慧雅课程的结构与特点。课程是办学的落脚处、育人的着眼点、专业建设的发力点；课程还是匠心的磨砺坊、匠艺的练就台、匠行的规范师；课程实施更是培养现代技能人才的主阵地，是学校创优争先、极具办学特色的聚焦所在。

慧雅课程活态、动态的适切性，多元、智能的广谱性，链接学生的可持续发展，紧盯现代技能人才的知识技能适需。慧雅课程新且多、全而深，丰富了现代技能人才所需的专业"养料"供给。

慧雅课程全面落实"智能＋"与"文化＋"的核心要素，全面构建融专业与跨专业的技能习得框架，全力打造人工智能通识课程和三个专业群的专业培养体系，以强大的课程平台确保匠心匠艺的整体性能力构建水到渠成，为慧雅型现代技能人才培养定谱。

第一节　慧雅课程的构建

学校在探索职业教育规律的基础上,基于自身办学使命与特色,结合自身办学宗旨与理念,将"活态传承"这一起初用于非物质文化遗产保护的专门概念进行拓展,逐渐形成以"活"为主要特征的特色化课程理念,从职业教育特点出发,从日新月异的社会发展出发,为学生提供更多元的教学内容、更灵活的学习方式、更广阔的实践舞台。

一、从活态传承到多元智能:关注学生的可持续发展

活态传承原指在人们生产生活的过程中对非物质文化遗产进行保护与传承,通过专门设立非遗生态保护区、培育扶持非遗传承人、合理利用非遗项目等方式,实现传统要素与现代功能的结合,完成从静态保护到动态保护的转变,形成具有新经济功能的生存环境与空间。

(一) 活态传承理念下的多元慧雅课程

引申至职业教育课程建设中,活态传承的理念,不仅可以直接运用于非遗相关的专业课程,其所蕴含的价值观念与经验做法也能够对其他专业的课程开发与落地提供启示。学校依托活态传承的课程理念,重点关注课程中"活"的对象,构建"活"的内容,采取"活"的手段,以学生发展为中心,将个体多元生涯发展路径的实现与优化作为课程建设的出发点;以能力培育为侧重,将职业技能与职业精神的整合与提升作为课程建设的重要内容;以工作实践为参照,将对新时代技术快速变革的适应与利用作为课程建设的关键。

活态传承理念下的慧雅课程,以多元的内容、灵活的形式、广阔的实践为平台,为培育可持续发展的慧雅型现代技能人才夯实了基础。

学校活态传承的课程理念以学生为中心,通过课程教学为学生的可持续职

业发展创设条件。21世纪以来,以学生为中心(student-centered)的理念在我国教育教学改革中日益受到重视,课程建设从以教师为中心转向以学生为中心的倡导也逐渐成为主流共识。新时代技术技能活态传承的实现也离不开学生这一主体,尊重学生的各项权利,重视培养学生持续学习的能力,支持学生的个性化发展,将优化个体多元生涯发展路径作为出发点与最终落脚点,为学生的可持续发展提供全面的支撑。学生的可持续发展是学校培养学生的最终目标,以学生为中心是学校一切工作的导向,也是课程建设工作一贯坚持的初心。

值得一提的是,以满足学生多元生涯发展需求为内涵的以学生为中心的观念隐含着课程目标设计的转变。过去常将职业学校的课程目标定位在使学生具有一技之长之上,即通过专业课程教学帮助学生获得一种便于就业的专业技能,强调实现学生毕业后直接"无缝"就业。但随着科技变革的加速与办学实践的深入,学校迅速且深刻地意识到职业学校课程的目标不应仅拘泥于培养学生的一技之长,而更应在一技之长的基础上,进一步激发学生的多元智能。一方面,单纯具有某一种岗位技能的人才已越来越无法满足当今社会的需要,工作性质的变革使得复合型技术技能人才培养的重要性愈发凸显。另一方面,随着经济社会的发展、生活水平的提升、信息的快速传播等,学生的生涯发展需求变得愈发多元。越来越多的职业学校学生毕业后选择继续升学而非直接就业,中职毕业生的升学趋势在长三角地区尤为显著。同时,越来越多的年轻人不再甘于成为流水线上的"替换零部件"或"工具人",新生代更加强烈的自我意识带来了对自我发展的更高追求。

(二)关注学生的多元智能个性发展

学校将学生的可持续发展作为课程改革的首要目标,并逐步凸显对多元智能的关注,也以此作为因材施教培养技能人才的理念与实践指引。

多元智能的存在,肯定了职业学校学生也能成为智慧之才。美国著名心理学家和教育学家加德纳(Howard Gardner)于20世纪80年代首次系统提出多元智能理论,认为人的智能是多元的,至少包括音乐智能、身体-动觉智能、逻辑-数学智能、语言智能、空间智能、人际智能、自我认知智能等,不能简单粗暴地用单一标准进行衡量。这一理论打破了以分数论英雄的传统观念,承认了智能的多元性和相对不均衡性。中职学校学生或许在部分学业能力上不甚突出,但同样拥有多种智能。

学校始终将所有学生视为"宝藏",在课程建设中强调肯定学生才能、激发学生潜力,坚持多样化的人才观、因材施教的教学观和过程性的评价观。

多元智能的意义,足以推动职业学校学生的综合发展。面对百年未有之大变局,伴随我国进入新时代开启以满足人民日益增长的物质和文化需求的新征程,职业学校承担着培养更高素质、更复合的人才的光荣使命。

学校将培养慧雅学生这一目标贯穿于课程建设之中,致力于通过课程教学激发学生的多元智能,使学生成为品德高洁、言行雅致、技能精湛且具有后续发展能力的人才。

二、从匠艺习得到匠心延续:强调能力的整体性构建

"教什么"是课程开发与实施无法回避的问题,学校活态传承的课程理念不仅要求将匠艺作为课程的重要内容,更要将匠心渗透其中。所谓"匠艺",主要以广义的职业技能为核心,是完成有关某一职业的任务或活动的知识、理解和熟练技术的结合体,包括通常所说的通用能力,而非仅是单一操作或重复动作的训练。所谓"匠心",主要表现为职业精神,是具有某种职业特征的精神与操守,包括职业理念、职业态度、责任意识、道德规范等。以职业技能为核心的匠艺必须与代表职业精神的匠心互为支撑。没有匠心的匠艺,将走向静态;而离开匠艺的匠心,则如空中楼阁。

(一) 整合技能培养要素

职业学校课程的建设要"活"起来,必须在开设促使学生习得匠艺的相关专业课程的基础上,同步构建推动匠心延续的课程,也就是实现职业技能教学与职业精神培养的整合。学校深刻认识到,对于职业学校而言,立德树人应以德

为先,以技为重。尤其是在我国进入经济发展、产业升级的关键时期后,人们对产品与服务品质的追求不断提升,需要更高水平的职业技能与职业精神加以支撑。

因此,学校把学生的技能培养与素养培育放在同等重要的位置,将"厚于德,精于技,达于和"的校训融入课程建设之中,强调匠心与匠艺的融合培养,依托课程的体系构建、内容整合、教学创新、评价优化来实现技能素养的全面融汇,力求通过课程学习使学生获得包含职业道德、职业意识、职业行为、职业技能等在内的职业发展综合素养,在精通知识、精究技艺、精锻技能的基础上,成为具有求真务实、敬业爱业、精益求精、勇于创新等高尚精神的能工巧匠。

(二) 贯穿课程建设要点

为在课程中兼顾匠艺习得与匠心延续,学校提出以下课程建设要点。

坚持整体主义课程观。以整体主义为课程愿景,消解课程中可能存在的职业技能与职业精神的割裂、工具性价值与存在性价值的对立、传承与创新的矛盾等,将技术技能人才培养视为一种复杂的整体,重视学生精神世界的体验,强调学生能力的整体性构建。

尝试课程形态多样化。课程并非仅有一种形态,除了渗透专业课程外,匠心与匠艺的融合培养也可以通过专门性课程、渗透性课程、活动性课程等多种课程形态展开。但课程形态多样化并非舍弃体系化,课程建设仍需有较为清晰的脉络与框架,形成完整、系统的课程结构。

重视结合专业特征。课程是职业技能与职业精神融合培养的载体,不同专业的技能习得规律存在不同,对职业精神的具体内涵要求也有所差异。因此除了面向全校学生的跨专业课程外,匠艺、匠心的培养也需与专业相结合。

注重相关资源积累。匠艺与匠心的融合培养离不开丰富的项目、优质的教材、浸润式的环境、高水平的师资等,只有不断积累并更新相关资源,才能实现高质量课程的开发与实施,帮助学生练就匠艺、感受匠心、提升素养、润泽心灵。

三、从满足当下到适应未来:重视需求的动态变化

职业教育的课程与工作实践紧密相关,学校活态传承的课程理念要求能够应对经济社会的快速变化,提升人才培养的适应性。这种适应性的提升指向以下几方面。

（一）课程建设须满足新时代的新要求

重视人才培养需求的动态变化是职业学校课程建设适应性的首要内涵。要实现学校育人"活态"发展,必须坚持与时俱进,在课程中不断融入新时代匠艺与匠心的新内涵,使匠艺匠心"活"在当下,使学生"活"向未来。

近年来,随着人工智能、大数据、物联网、5G、元宇宙等新技术的不断突破、广泛应用与渗透拓展,产业行业对专业人才提出了技术技能不断更新且复合化的要求。在技术日新月异、人才培养具有周期性的情况下,学校在课程建设中时常遭遇难适应的困境。学校虽然非常重视以工作任务为课程设置与内容选择的重要参照,但仍然难以避免课程更新较慢、滞后工作岗位要求变化等问题。学校意识到,课程建设不能仅仅满足当下的要求,更要适应未来的发展,只有在对接真实工作岗位、扎根具体实践的基础上,进一步提升课程的前瞻性与灵活性,并重视学生自主学习能力的培养,才能帮助学生在快速变化的世界中实现可持续发展。

（二）课程建设须利用新时代的新手段

新时代的技术变革不仅对职业学校课程建设提出了新要求,也为课程改革及实施提供了新手段。国家已明确指出新技术赋能教育的重要性,党的二十大报告提出要"推进教育数字化,建设全民终身学习的学习型社会、学习型大国",为推动课程变革和创新指明了方向。作为一所培养现代服务业从业人员的中等职业学校,我们预判到以人工智能为代表的新技术对学生未来职业的影响,并进一步思考并探索中职学校如何依托课程建设和教学实践全方位培养学生的智能化相关理念和能力。

依托对社会与行业岗位的深入调研,结合所属区域智能经济发展的规划蓝图,学校进一步调整优化了人才培养结构和专业课程结构,探索多元化教育方式,旨在提升学生的智能理念与智能应用技术,为其持续发展奠基。

学校将"智能＋"要素全面而深入地与学校课程建设相结合,突破专业壁垒,培育数字素养,打造"智能＋"课程生态,不断探索如何应用新技术推动学校课程变革与教学创新,让每一名学生都成为适应未来的人才。

（三）课程建设须破解新时代的新课题

人工智能时代背景下的职业教育如何实现自身的突破性发展,是学校一直在深思的问题。而课程建设与专业教学是职业教育的根本,是技能人才培养的基石,学校将人工智能理念和技术融入学校课堂建设,借助专业课堂教学实践,探索人工智能赋能职业教育的路径和方法。

以此为导向,学校开展题为"人工智能赋能中等职业教育专业教学的路径与实践探索"的课题研究。此课题是徐汇区教育科研重点课题及上海市教育科研课题。该研究通过有效开展专业教学活动的创新方式与实践流程,让学校师生在人工智能时代获得所需的理念和技术,应对未来挑战。课题的主要研究目标是探究职业院校如何培养学生的智能服务理念,如何利用人工智能技术革新课堂教学方式和技能学习方式,如何借助大数据智能分析评价教育教学效果。

同时,学校依托上海市中等职业学校匠心匠艺优质课堂建设行动研究,结合"智能＋"专业特色创建工作,以中职"3A"智能化专业课堂构建的实践研究为题,开展教学模式创新研究,力求通过探索应用于专业课堂内的智能化教学内容（AI for teaching contents）、智能化教学技术（AI for teaching technology）、智能化评价方式（AI for teaching assessment）三个方面的"3A"智能化专业课堂构建实践路径,提高职业教育专业教学精准化水平,提升教育对象习得效果,凸显职业教育类型的教育特点。

此外,教育部科技发展中心公布了2022年度"虚拟仿真技术在职业教育教学中的创新应用"专项课题名单,学校"基于虚拟仿真技术的文物保护技术专业

(古籍修复方向)实训教学模式与效果评价研究"课题获得立项。2023年,学校"数字中国战略下中职专业的数字化改造与优质发展研究"课题作为全国教育科学规划国家一般课题正式立项,为课程的智能化建设引领了新方向。

四、从匠艺匠心到慧育雅育:编织多元化的课程结构

为落实活态传承课程理念,学校充分发挥自身坐拥深厚文化底蕴的优势,坚持将现代与传统有机交融,适时借助技术变革的东风,在智能育慧和文化育雅的慧雅教育思想下,以慧育与雅育为主线,织就多元化课程体系。慧雅课程既融于专业,又跨越专业,具有新且多、全而深的特点,是培养慧雅学生的有效载体。

在慧育方面,学校在打造面向全校、跨专业的人工智能通识课程的基础上,开发针对文化艺术、信息技术和旅游航空三大专业群的智能化课程,并探索兼具通用性与独特性、软硬件支持完善的"慧育"课程实施路径,实现学生匠艺提升,慧思生成。在雅育方面,学校在围绕"五育"形成综合素养课程体系的基础上,打磨针对非遗的文化传承课程模块,并以深入第一课堂,延伸第二、第三课堂等方式,不断丰富雅育课程具体实践,实现学生匠心内化,雅行修成,形成了慧雅型多元化课程结构的特色。

（一）慧雅课程的"智能＋"与"文化＋"

慧雅型现代技能人才培养是学校的办学导向,也是慧雅课程建设的目标。学校以学生未来的发展为基础,通过多模块、多元化课程体系的搭建,全面渗透人才培养目标,深化匠心、强化匠艺、指导匠行。

1. 挖掘"智能＋"内涵,提炼慧育要素

学校基于历史传统、现实情况、未来愿景与地方资源,提炼出独具特色的慧雅学校文化,并以此为核心脉络,结合学校专业设置,构建多元化课程体系。在总体设计思路上,学校将"慧雅"拆分细化,分别以慧育与雅育为主线进行课程建设。具体而言,慧育旨在形成慧思——求学者,善学,聪明而有才智,此内涵

能力之慧也。为培养有慧思的学生，学校紧密结合时代特征，在探索组建专业群的基础上不断挖掘慧育内涵，提炼能够引领并贯穿课程体系的慧育要素。

自2018年起，学校关注到人工智能同上海智慧城市建设深度融合所带来的产品开发、服务创新以及现代服务业发展刺激服务业态转型升级等方面的崭新局面，开始以"互联网＋"为基础，以智慧城市服务为核心，围绕"智能"这一关键词思考慧育课程的建设路径。

2019年，伴随学校所在的徐汇区成为上海市人工智能产业集聚区，区政府对职业教育提出了"智能服务＋"的新要求，学校对全校各专业进行了专项梳理，确定今后五年内重点打造三个专业群，并以"智能服务＋"作为主线，以"智能服务＋文化创意"引领文化艺术专业群、以"智能服务＋技术应用"引领信息技术专业群、以"智能服务＋个性定制"引领旅游航空专业群，正式在课程建设中引入"智能＋"要素。

2021年，"智能＋"成为慧育课程的重要内核。围绕"智能＋"，学校面向上海城市现代化、优质化、高端化和智慧化协调发展，着力培养具备智能素养与技术、专业技能精湛且具有后续发展能力的职业人，不断完善人才培养方案，引入人工智能理念与设备，调整课程体系，优化课程内容，开发智能化实习实训，完善教学资源与教学环境，最终形成了以智育慧的课程体系。

2. 赋予"文化＋"使命，穿透雅育入心

雅育旨在塑造雅行——修身者，修心，高尚而有美德，此外显品行之雅也。为培养能雅行的学生，学校逐渐明确围绕文化传承，以"文化＋"为核心脉络的雅育课程建设思路。学校认为，文化是人存在的根和魂，扎实的人文素养可以为学生带来精神满足和身心健康，将"文化＋"要素融入课程建设是培育慧雅学生的关键抓手。

因此，学校支持并鼓励学生尽可能多地学习、理解、运用人文领域知识和技能，习得相应的基本能力、情感态度和价值取向，通过夯实人文底蕴，涵养内在精神，积淀人文情怀和审美情趣，发展成为有宽厚文化基础、有更高精神追求的人。围绕"文化＋"，学校在基础课程以及特色校本课程内融合渗透古今中外人文领域基本知识和成果，从文献保护相关专业以及非遗技艺相关项目当中梳理、提炼文化培育的课程内容，开发了多元化形式的雅育课程。通过开发并实施专门的雅育模块课程落实文化素养培养，越来越多的学生理解和掌握了人文思想中所蕴含的认知技能和实践方法，在提升自我价值感和文化认同感的同时，提高了审美趣味，拓宽了自身视野，并将所学外显于自身的言行举止当中，实现了以文育雅的课程宗旨。

（二）慧雅课程的跨专业与融专业

学校深知以人工智能为代表的新技术对学生未来就业与发展的影响，要培养现代技能人才，就必须把智能化相关理念和能力融入学生日常学习、融入专业学习和实践当中。同时，伴随社会以及行业企业对技能人才要求的不断提高，培育并提升学生的综合素养，也是我们需要解决的问题。

1. 以跨专业的通识课与融专业的拓展课育慧

学校面向所有专业学生开设了人工智能通识课程，初步培养职业学校学生的智能服务意识和理念，形成学校智能服务教学特色。课程由学校专业教师、高校教师团队和企业专家合作打造，紧跟时代脉搏、符合行业发展趋势、尊重职业教育规律，为智能素养培育奠定基础。

同时，根据不同专业群的不同特点，学校开发了结合专业的拓展课程。这是基于专业人才培养方案中规定的公共基础、专业技能课程之外，经行业调研和专家论证，确定可以实现专业人才培养目标的特色课程。学校以培养智能理念与技能为目的，根据不同专业群学生就业方向和职业所需的不同，增设了融入智能发展理念和应用技术的专业拓展课程系列，如文物保护技术专业的"虚拟书画修复"、图书档案数字化管理专业的"云上图书馆"、酒店管理专业的"无人酒店运营"、民航运输专业开设的"智慧航空"等，都是根据当前以及未来各个行业领域智能化转型的需要，以提升学生智能技术应用能力为目的而开设的拓展课程，也为各专业学生的智能技术习得提供了载体。

学校将"智能＋"要素渗透于通识课程与专业拓展课程之中，通过智能化相关课程内容的调整、智能化相关教材的开发、智能化教学资源的建设、智能化教学手段的应用等,进一步增强了慧育课程特色。

2. 以跨专业的素养课与融专业的修养课育雅

学校以培养学生的综合素养为目标,打造了以"文化＋"为核心脉络的雅育课程,主要通过开发跨专业的模块课程,为学生提供多样化的选择。学校依托民族文化传承基地、大师工作室、名师工作室以及校企联合工作室共同协作,将中华传统文化教育与三大专业群的特色专长紧密结合,共同打造了一系列素养课程和修养课程。

学校对学生在校的碎片时间进行整合,着力构建德智体美劳"五育"并举的雅育综合素养课程。课程内包含文化育德、技能育智、运动育体、艺术育美、服务育劳五大领域,依托新建的选课评价 App,让学生自由选择包括民族文化素养与技艺、智能相关技能、特色体育活动、艺术赏鉴和体验等在内的多种素养课程,支持学生参与一门艺术、学会一项技艺、拥有一个特长,收获综合素养。

此外,结合学生以服务业为主的就业方向,学校开发了"文化与礼仪""沟通与交流"两门文化修养课,将作为慧雅型现代技能人才必需的基本修养要求融入课程内,并结合不同专业的不同职业场景和需要,建设修养课程资源库,将各个专业的就业岗位中与文化礼仪、沟通交流有关的修养元素梳理出来,教师在不同专业班级的课堂内呈现不同的应用场景,针对性地对学生的基本修养进行塑造和提升。

由此,学校逐渐生成了"智能技术＋综合素养"的学生画像,并结合自身办学特色,围绕"智能＋"与"文化＋",通过融专业与跨专业兼具的方式开发了与时俱进、点面结合的慧雅课程体系。

（三）慧雅课程的新且多与全而深

当前数字技术的发展趋势,不仅推动着职业教育的数字化转型,也为优秀民族文化的传承与创新提供了新的可能。在此背景下,学校构建的以慧育、雅育为主线的课程体系具有新且多、全而深的特点。

1. 慧雅课程与时俱进，丰富可选

通过对专业对应职业岗位所需的技术技能进行深度分析，学校将工作岗位中的新技术、新业态、新模式、新工艺及时高效地融入教学内容，推进专业设置与产业需求对接、课程内容与职业标准对接、教学过程与生产工作对接，实现教材内容与岗位要求紧密相连。同时，在课程内容中融入行业新知识、典型生产案例、"1+X"证书培训内容及课程思政元素，建设岗课赛证综合育人的职业教育特色教学资源，并通过不断更新保障课程的时效性。

学校课程丰富体现在多个方面。一是课程种类数量充足。如以"文化+"为特色的雅育课程中，以培育学生民族自信与匠心精神的非遗文化传承课程就有 20 余门。二是课程形式多种多样。既有针对各专业的专门课程，也有面向全校学生、跨专业的综合课程；既有基于专业群的必修课程，又有满足学生个人兴趣的选修课程；不仅有基于项目、活动的课程，还有基于现代学徒制、工学交替等的课程。三是不同层次课程皆有。学校课程体系中国家课程、地方课程与校本课程并存，不仅根据国家专业教学标准开设课程，更将服务学校所在地区经济社会发展作为课程建设的重要依据，同时不忘结合学校自身传统与优势，打造了立足徐汇、服务上海、面向全国的课程体系。四是课程建设主体多元。学校课程开发主体不仅有本校教师，还积极联合企业专家、技能大师、职业教育领域专家、应用本科院校教师、高职院校教师、其他中职兄弟院校教师等共同开发课程，保障了课程的科学性与可操作性。

2. 慧雅课程以人为本，润物无声

学校关注学生作为一个"全人"的可持续发展，鼓励学生在科学精神、人文知识的引领下，有效地运用现代知识与技能提升自身能力、激发潜能，并积淀人文底蕴、涵养内在精神，获得前瞻未来的眼界和应对变革的本领，成为"慧"学习、"雅"言行而有价值的人。在重视学生发展的全面性的同时，学校慧雅课程还坚持全员性、全程性，使"智能+""文化+"要素辐射每一个学生，并覆盖课程开发到实施再到评价的全过程。

依托专业建设，学校在深度行业调研的基础上，将各个专业相对应的智能应用发展前景和技术,以及传统与现代的优秀文化要素融入课程、融入教材、融入专业教学、融入实训实践、融入环境,倾力培育聪慧的、拥有立足社会走向未来的技能和本领的新一代中职学生。"智能＋"与"文化＋"深深渗透在学校课程之中,形成了润物细无声的慧雅课程生态。

第二节　以智育慧炼匠艺

学校致力于培养掌握复合知识与技能，具备持续发展潜能的慧雅型现代技能人才，因而时刻关注时代发展趋势，持续思考着学生未来所需，将慧育与雅育作为主线，以开发渗透各专业群的课程为"面"，以打造覆盖跨专业全员的课程为"点"，并以此不断优化课程实施途径。

一、"智"汇专业，为慧育课程增添内涵

学校始终以服务区域经济发展为己任，逐步确立"智能＋"这一工作主线，引领三大专业群的发展，赋能全校课程建设。慧育教育理念能够更好地有助于智能专业与课程的教学，深入浅出地勾勒课程前景与内容要点，突出重点，目的是让学生在理解的基础上融会贯通。

（一）人工智能通识课程

为了更好地服务区域经济发展，找寻人工智能时代背景下课程体系与课堂教学模式改革新路径，将人才培养与科技进步对接、与市场和企业需求对接，让人工智能技术赋能职业人才培养，抢占未来发展的制高点，学校面向所有专业学生开设了人工智能通识课程。

人工智能通识课程，旨在引导学生学习人工智能的基本理论和方法，了解人工智能的核心知识与最新进展，帮助学生建立起对智能化时代和人工智能技术的总体认识，形成智能服务的意识和理念。同时，运用实训平台与虚拟仿真及实体实验室，引导学生学习和初步掌握人工智能应用的基础技能，培养学生用智能化手段创造性解决实际问题的能力。学校从基础知识、应用技能、实战能力和创新实践等方面，着力构建人工智能应用人才培养的课程与实践教学平台。

学生可通过人工智能通识课程,从零基础开始学习人工智能的基本理论和方法,并运用实训平台与无人车、无人机、流水线等虚拟仿真及实体实验室,进行面向企业真实业务的实训项目开发练习,学习和掌握人工智能应用的实战开发技能。学生还能进一步在教学实验箱、服务机器人开发平台等人工智能实践平台上,综合利用所学知识和技能进行应用领域的设计与开发,锻炼创造性解决实际问题的能力。

课程设置全面,系统地涵盖了中职学生需要了解与掌握的人工智能专题方向与关键知识点,为学生日后的科技创新打好基础。

同时,学校针对人工智能通识课程开发了专属的教学平台。师生能在教学过程中根据 AI 技术应用的实际场景中涉及的问题和知识进行互动,提高学生的学习效果和学习兴趣。同时,教学平台提供了便捷高效的开发环境,学生可在可视化编程平台上,简单方便地进行自己的 AI 创作,并无线控制应用设定。基于这一教学平台,人工智能通识课程通过联合教学团队实施课堂教学,取得了较好的授课效果。

(二) 文化艺术专业群"智能＋文化创意"课程

互联网和 AI 机器人的应用范围不断扩展到家庭、医疗、康复、娱乐、教育、空间、航空等专业服务领域,人工智能开始占据文化创意产业和现代信息产业的核心地位,并不断渗入人们的日常生活,"人工智能＋文化创意"将是徐汇区打造以科技服务为核心的服务品牌的重要载体,人工智能与智慧城市建设以及文化产业的创新结合也为中等职业教育文化与教育类专业的解构与重构创造了新的契机。

学校在原有优势专业的基础上构建以图书档案数字化管理专业为核心,以文物保护技术专业为重点,以工艺美术品设计与制作、文物修复与装裱技能等为延伸的文化艺术专业群。针对文化艺术专业群,学校课程建设以加强"智能＋文化创意"为方向,以大平台、多核心、活模块、跨学科提升为思路,通过结合智能理念与技术应用,文化艺术专业群课程体系将传统优势专业与现代服务业发展紧密结合,依托徐汇区域深厚的本土文脉传承,聚焦新技术发展与民族文化传承的融合,为文献相关产业的创新发展贡献力量。

具体而言,文化艺术专业群依托学校打造的虚拟实训平台与系统,增设了相应的虚拟修复、文献数字化转换等拓展课程,并探索将人工智能引入古籍修复、古籍装帧等相关专业课程之中。与此同时,学校针对文化艺术专业群,开发了专门的"智能＋"教材。

以"智能＋文物保护技术"为例,该课程旨在开拓学生对文物保护技术的认知视野,帮助学生系统地掌握必要的基础知识,提升将人工智能运用于文物保护领域的职业素养与综合能力。该课程强调在保护好文物的同时更好地将文物价值具象化、可视化、融合化,并通过不同类型的文物考古、监测、修复、鉴别、保护和利用,在跨专业的交叉融合中获得人才培养的革新契机;关注人工智能给文物领域所带来的改变,从文物领域的特征出发,明确文物领域可能面临的训练集有限、工具联用复杂等与其他领域在应用智能化工具时的不同特点,尽可能将相关场景加以串联;主要内容包括可能迭代产生的智能技术如何应用于文物场景、如何完成具体的文物数字化工作任务等。与之对应的教材开发为适应人工智能快速发展技术迭代的要求,搜集了 2020 年以来人工智能在各种服务和管理场景中应用的相关素材来充实教材内容。同时,根据国内外人工智能的快速发展态势,对人工智能教材编写工作加以前瞻思考。课程教材涉及古文字的智能识别和运用、古籍的智能整理与运用两大场景,分别包括甲骨文的智能识别和运用、青铜器铭文的智能识别和运用、玉石陶瓷文字的智能识别与古籍文献的智能识别、古籍文本的智能整理等任务。

 案例

古籍的智能整理与运用

该教学案例的任务是古籍文献的智能识别。

任务情境:在中国传统文化中,古籍文献是非常重要的组成部分,它保存了古代社会的政治、经济、文化、科学等方方面面的知识,是中国古代人民智慧的结晶。在古籍的数字化进程中,人工智能的运用正在加速创新文本识别等智能化工具来加快古籍的修复整理速度。现代文本的排版大多遵循从左到右、从上到下的风格,且大多数文本图像的字迹清晰、字符特征明显。与之相比,要对古籍文本加以整理,不仅需要考虑字体排布和版面风格的差异,还需要考虑可能存在的页面残破或污损等情形,有时还需要解决生僻字难以识读、墨迹退化等问题。因而,古籍的识别和整理并非易事。

运用慧雅教育理念和传统文化专业与现代科学技术相结合的慧育课程方法,逐步解决传统文化专业教学中的难点问题。

面对这些问题,要利用人工智能的技术,就需要在常用的文本识别工具基础上,再加上智能分类、知识图谱等方面的工具,以此提升古籍文字的识别效果。我们在体会古籍识别工作由传统人工整理向数字化、智能化方向发展的过程中,试图探索新路径。

任务目标是通过了解人工智能技术的发展为古籍识别带来的新思路和途径,有效地提高古籍数字化的工作效率,提升通过训练和测试来提高古籍文本识别精度的追求。

本次教学任务有两项活动实施:一是古籍的智能图像处理,二是古籍的智能文字识别。需要掌握的难点是古籍文献扫描和古籍文字识别。同时拓展的任务是复杂的古籍文本识别、智能识别与其他技术的融合。

(三) 信息技术专业群"智能＋技术应用"课程

人工智能在人们日常工作、学习、生活中的深度运用,创造了更加智能的工作方式和生活方式,随之而来的是职业教育人才培养定位与培养模式的变革。为响应徐汇区人工智能产业的规划与发展对区属职业学校的专业定位提出的更高要求,学校重点聚焦人工智能技术与应用、数字媒体技术应用、计算机平面设计、计算机应用等专业,侧重于建设和发展人工智能技术应用、大数据分析、数字成像及后期处理技术等新的专业方向,推动数字媒体应用技术传统王牌专业更新升级,涵盖图像识别、视觉分析检测、虚拟现实与增强现实等新领域,形成信息技术专业群。针对信息技术专业群,学校课程建设以强化"智能＋技术应用"为方向,强调依托校企合作的实训中心建设,将"智能＋"要素融入课程,服务徐汇人工智能发展集聚区建设,为人工智能技术应用领域培养基础技能人才。

具体而言,信息技术专业群于 2020 年开始重点建设人工智能范畴课程,在课程建设中积极吸纳"智能＋"带来的技术革新成果,根据产业行业变化积极调整课程结构,更新课程内容,如中本贯通数字媒体艺术专业的课程以游戏内容的开发制作为核心,侧重于虚拟现实、智能交互式设计等,并在此基础上开发了专门的"智能＋"课程,以数字媒体技术相关专业为主体,增设了智能影像信息处理、虚拟现实技术、智能交互式设计等拓展课程。

与此同时,学校针对信息技术专业群,开发了相应的"智能＋"教材,并逐步加快人工智能应用创新中心的建设和新形态教材的研发,构建数字化实验项目及教学资源库,提供即学即用的 AI 环境与集成教学载体。

以"智能＋数字媒体应用"为例,该课程从媒体内容供给、媒体形式呈现、媒体业态升级等视角,基于对智能化引发的各类媒体类型转型的梳理,解析相关实践案例,教授多类智能媒体的融合运用,在促使学生掌握必要的基础知识和智能化操作实践的基础上,力求将学生的数字媒体综合职业素养与综合素养相结合,培养适应智慧媒体新业态发展的人才。与之对应的教材开发以实际操作为本位,内容涵盖人工智能增强型媒体认知、智能文本处理、智能图像处理、智能语言处理、智能视频处理、智能动画制作、媒体内容智能开发与管理、数字媒体的智慧应用 8 个教学项目,约 32 个学习性工作任务。

 案例

智能图像处理

本教学案例的任务是智能图像识别。

任务情景:通过神经网络等技术的发展,图像识别技术能够达到信息智能化程度日益提高、人性化程度提高的双重要求。图像识别能帮助传媒公司对用户的行为模式做出更加准确的解读，并为广告投放等情景做出更好的部署。此外，深度图像识别技术还可以帮助垂直行业的媒体数字化公司更有条理地管理和组织图像数据库的资源，从而提高垂直行业的图像比对分析等方面的效率。动态的图像识别技术也可以帮助媒体公司更好地分析数字化图像数据的内容，从而更好更快地提供个性化、定制化的内容服务。

通过学习、训练需要掌握的知识与技能包括以下几方面。

一是智能图像标注。借助计算机图像辨识技术，计算机能够对图像进行智能标记，并对这些数字化标注功能生成高精度智能化的图像实现了说明。通过智能图像标注匹配的技术，人工智能可使高质量的图像为更多的渠道所熟知。目前，智能标注技术在准确率、复杂图像处理（比如有多个物体的图像）、模糊图像处理等方面还有一定的局限，因而在特定场景下还需要结合人工标注来完成。

二是图像预处理。将图像转换为可以被计算机理解的格式，如灰度图像或者彩色图像。

三是特征提取。使用计算机视觉技术，从图像中提取出有用的特征，如边缘、色彩、纹理等。

四是分类。使用机器学习技术，将提取出的特征进行分类，从而确定图像中的物体。

五是标注。根据分类结果，为图像中的物体添加标签。

当前，无论是国内还是国外对已有图片的智能标注工具已经进行了开发。在此基础上，媒体人员可以通过把图库中或其他来源的图片标识出来，让他们更迅速并准确地识别图片特征，从而对图像特征进行更快速、精准的识别。

以 Supervisely 为例，智能图像标注工具的使用，一般包含建立任务、标注图像、模型训练和发布等流程。在创建任务的环节，用户需要创建一个特定任务，标明指定任务的名称、任务描述、任务类型、任务规则等信息。在标注图像环节，用户需要上传物体的图像，并使用各种各样的标注工具对图像实时地进行自动标注,标注的内容可以是物体各种各样的位置、物体的大小、类别等。在此基础上,用户可以使用一些模型训练工具来对感兴趣的图像加以分析,并将训练分析好的模型数据发布到云端,或者将标注结果导出,以便使用。

（四）旅游航空专业群"智能＋个性定制"课程

未来旅游呈现出散客化、碎片化、定制化、动态化四大趋势。这些新的发展趋势,使得如何为游客提供更好的产品、更好的服务变得极具挑战性。以智能化为手段为所有游客提供统一的数字化旅游体验,利用大数据技术短时间、精准地处理各类问题,使得人人都能享受定制化、个性化旅游体验成为现实。同时,智能化商业运营促使传统服务模式转型升级、新运营模式优化更新,由此产生大量新职业、新岗位。在此背景下,学校以中餐烹饪、航空服务专业为龙头,推进民航运输、航空物流、酒店管理与数字化运营、烹调工艺与营养等贯通专业可持续发展,整合西餐烹饪、高星级饭店运营与管理、民航运输(空港地面服务)等特色专业,建设旅游航空专业群。针对旅游航空专业群,学校课程建设以强化"智能＋个性定制"为方向,对接旅游航空行业服务智能化运营模式转型,推进课程智慧化建设,应对未来智慧旅游场景,实现中餐烹饪、中式面点等传统专业课程的智能化改造,呼应上海城市服务型经济发展战略,满足服务行业向精细化和高品质发展的人才培养需求。

具体而言,旅游航空专业群聚焦行业发展趋势,增设了基于大数据分析的智能个性化服务、智慧餐饮、智慧酒店等拓展课程,支持学生习得未来职业所需的智能应用技术。与此同时,学校针对旅游航空专业群,开发了专门的"智能＋"教材。

以"智能＋旅游出行服务"为例,该课程基于人工智能给旅游行业带来的巨大改变,从智慧旅游服务体验者和智慧旅游供应方双重视角出发,对智能化引发的职业场景变化、职业服务升级等方面加以梳理,以航空服务、酒店服务、餐饮服务三类服务为重点。课程具体内容主要分为五大部分:第一部分着重从旅客旅行规划出发,就旅行前、旅行中、旅行后可能运用的智能服务进行介绍;第二部分着重梳理人工智能为旅客出行带来的改变,尤其是对如何满足旅客出行所需的智能航空管理进行解析;第三部分从酒店服务的视角出发,解析酒店作为为客人提供住宿和餐饮服务的场所,智能化的服务如何优化旅客的体验、提升酒店管理的效率;第四部分着重从餐饮服务和餐饮管理出发,从智能配餐管理和智慧用餐服务两方面加以解析;第五部分从智能化可能带来的旅行空间拓展出发,将智能化带来的服务空间加以畅想。与之对应的教材,涵盖了智慧旅游认知、智能旅行规划、智慧航空出行、智能航空管理、智慧航空物流、智慧酒店服务、智能酒店运营管理、智慧酒店业务管理、智能配餐管理、智慧用餐服务、创新旅游空间 11 个教学项目,有 30 多个学习性工作任务。

教材开发一方面就人工智能可能带来的改变对场景特点加以阐述,另一方面力求将符合同一类型职业能力的相关内容组合成独立的项目,并尽可能将国内外相关专家学者或企业规划中相关设想纳入其中,以适度增加前瞻视角。用智能技术对旅游服务专业进行改造升级,是学校打造慧育课程的生动案例。

 案例

旅行中的智能体验

本教学案例的任务是旅游服务的智能定制。

任务情境:在旅行的过程中,人工智能的引入,使得"聪明的"旅游成为可能,用户的体验可以更加智能化、自动化和个性化。即使是对于此前没有预订酒店、餐饮等情况,人工智能也可以用更好的方式,根据用户的特点,以最合适的方式实时为用户定制各类服务。对于旅游场景而言,对于客流量变化、实际服务的情况而言,动态调整同样变得更加可行。

一是旅游服务的实时供给。智能化的工具融合运用,使得旅游服务的系统性、连贯性有了更为紧密的协调。例如,在订购机票或者车票的同时,相关的后续服务或许将得以自动匹配或推荐。即便是在航班晚点等特殊情况下,后续的交通服务、酒店服务等或可因之动态调整。当游客到达目的地时,智能系统可以深入地、以智能导游的方式对某个地方进行讲解。所以,当用户在旅行中感到困惑或无聊时,就可以利用语音交互或多媒体交互等方式,确保在更为舒适、更为贴心的环境中旅行。

基于游客画像的信息,可以智能地安排个性化的服务。例如,在景区旅行中,智慧景区的服务系统,可以利用智能化的方式与游客有效互动。再如,当消费者访问酒店时,智能应用程序(App)或会提醒客人是否需要升级设备或升级房间。

二是旅游场景的智能化管理。对于服务的提供方而言,利用人工智能技术,可以更好地实现智能化管理,从而兼顾游客的个性化需求、旅游服务的安全性等方面的要求。例如,用户的行为习惯、兴趣爱好、心理特点及旅游资源差异等都是影响游客安全行为管理的重要因素,通过对这些变量信息进行分析,可以帮助景区管理者更好地管理和规划旅游活动,实现更加有效地为游客提供安全保障服务。

又如,人工智能可以预测天气状况和提供个性化天气预报;根据实时交通信息自动优化公共交通和自驾车线路;利用传感器网络技术实时监控景区内各点数据信息,一旦发生异常情况立即通过大数据分析进行预测。以利用智能传感器技术进行安全预警为例,当检测到危险气体泄漏、火灾、泥石流等情况时可及时向游客发出警报并发出相应信号提醒游客离开危险区域或者疏散人群。

在这样的场景下,传统意义上的导游助理、司机两种角色,也将因之而出现"融合":一个人借助智能的设备,往往可以胜任多重角色,其关键是更好地理解游客的个性化需求,从而为其提供更好的定制选择。在传统意义上某些难以胜任的工作,也可以因为智能系统的运用而变得更加容易。例如,原先较难完成的翻译工作,或许可以借助智能系统来辅助完成。

典型的示例是,在景区的实际运行中,可以通过对实时客流量数据的分析,预测不同时段客流量和不同景点人气等情况,从而为各种风险管理做好预案。旅游服务方可以使用人工智能分析不同来源的数据,以确定人们最可能在何时前往目的地。这可以帮助旅游公司通过分析数据来预测游客数量,将有助于旅游公司预测潜在的游客需求。例如,当游客在一个地方停留时间较长时,该旅游公司可能会考虑提供更多住宿或其他服务来满足人们的需求。

二、"智"融资源,为慧育课程拓展外延

课程实施是通过教师教与学生学实现课程落地的动态过程。

学校基于"智能+",深入探索智能化专业教学改革,形成了基于课堂—应用驱动—精准测评的慧育课程教学流程,针对不同专业人才培养需要与特点进行了课程实施方法的调整与创新,构建了"2+1"中本贯通模式下的课程一体化特色建设。同时,学校以深化"智能+"为契机,进一步加强了产教融合、师资提升与资源建设,为慧育课程的实施提供了全面保障。

(一) 应用驱动的智能化专业教学改革

职业教育领域的课程实施要求其实施路径与相关职业岗位在劳动过程、工作环境和职业情境方面具有一致性。学校以基于课堂—应用驱动—精准测评为落实慧育课程的立足点,将人工智能理念和技术融入中职专业课堂,通过创设虚拟环境、运用智能技术、改变教学模式、解决教学问题,创新开发了人工智能赋能专业课程的教学策略、实践路径以及案例成果,为人工智能课程实施提供清晰具体的可行范式,实现了"智能+"有效赋能各专业的教学改革,提升了教学效能,有利于让学生获得智能化时代所需的理念和技术,更好地应对未来挑战。

1. 场景打造,学用对接

学校充分应用人工智能技术,坚持将教学过程与生产过程对接,强化教学、学习、实训相融合的教育教学活动,利用智能化技术,打造校内课堂、企业课堂与网络课堂、虚拟工厂等多维学习空间,丰富学生的学习场景。在专业课堂中,注重以虚拟仿真方式再现场景化工作现场,将岗位工作场景转化为虚拟应用场景,结合具体岗位要求,设计学习情境,按照工作过程铺设教学内容,并将智能

化技术融入教学全过程。

例如,学校为文物保护技术专业量身定制了"书画修复 AI 系统",教师在古籍修复课程内运用古籍修复数字资源系统、古籍修复虚拟(VR)实训系统等,为学生呈现虚拟的古籍珍品,并组织讨论修补方法、开展虚拟练习,依托虚拟技术,不断强化规范化的书画修复步骤与流程,让学生的修复技能和精准度得以提升。又如,学校为中餐烹饪专业打造了智慧厨房,借助这一虚拟实训系统,支持学生开展创意菜肴的设计和制作探究,引导学生运用智能化虚拟厨房开展美食创作,让学生提出创作构想,随后运用智能系统将菜品虚拟成型,实现创意方案可视化,并依托系统分析制作的可行性,即时调整并完善菜品设计方案,使得课堂探究活动更高效。再如,学校为图书档案数字化管理专业开发了数字图书馆平台,逐步实现了各专业课程实施的智能化、科学化、高效化。通过对智能技术在相关专业课堂教学中实践应用方式的不断完善,学校形成了智能化专业课堂构建的策略,并逐步推广至其他专业课堂。

2. 评价反馈,过程控制

学校围绕内部教育教学质量保证体系,建立数据采集与管理制度、质量分析诊断制度,从教学即时评价与反馈、学生成长发展追踪两个方面出发,实现基于数据的量化评价、基于数据驱动的科学决策,为推动教学创新注入技术动力。慧育课程实施过程中,教师可依托教学数据平台,对学生的课堂表现和专业知识技能学习效果进行数据分析,构建学生专业成长分析模型;其后,根据不同分析结果,形成针对性策略,落实课前—课中—课后即时评价与教学反馈。

此外,智能化技术的应用还能根据不同参与对象的实际需求,在教学活动中提供可视化学情报告,分析学习效果差异背后的原因,帮助学生更了解自己、支持教师更精准评价学生,进而实现更有效的教与学,提升教学质量。例如,文物保护技术专业建立了规范化的书画修复流程,以便课上进行即时评价和分析,让每个学生的操作都得到及时反馈;旅游航空专业群则运用人像识别技术,对旅游服务礼仪课程学习过程和成效进行测评,帮助学生快速、精准地获得训练指导,提高训练效果。

超越技能的文化传承

—— 中职古籍修复人才培养整合式教学改革

引入人工智能,融合多科内容,产生复合效果,让传统中华文化精髓具有时代感、智能化的全新元素,更好地传承弘扬传统文化,焕发新的生命力,是生成慧育课程的典型注解。

一是内容整合,创建了"技术＋艺术＋材料科学"融合型课程体系。在专业技术类课程上增加艺术类和材料科学类课程,打破专业壁垒,对课程标准、学时安排、教学内容与资源等进行一体化重塑,依据古籍修复岗位工作内容比例确定专业课程中技术、艺术、材料科学课程的课时占比为40%、32%和28%,形成了"技艺科"融合型课程体系,有效实现了三类课程的跨界和整合,能够培养学生的综合素养和复合技能。专业教学团队牵头制定上海市中等职业学校文物保护技术专业"古籍装帧与修复技术"等课程标准。

二是平台整合,搭建"传统技术＋AI系统＋大数据"的教学平台。学校连接南京博物院大数据中心,通过大数据实现了大量珍贵古籍资料的前端"云"采集,并利用计算机技术对古籍进行最大程度还原,实现古籍修复的"修旧如旧",提升学生的古籍修复质量。虚拟实训平台能够模拟不同年份、不同材质、不同破损程度的修复,可以反复练习,脱离了真文物的限制,解决了古籍修复实训难的问题。

三是辐射整合,打造"短期培训＋传统中职＋社会化教学"的立体化路径。依托市级师资培训基地、大师工作室以及民族文化传承基地,短期开办职业培训、中期实施人才培养、长期面向社会开展文化传承教育,充分发挥培训、教学、传播三位一体的教育功能,形成整合式教学体系,扩大了古籍修复人才的规模。

整合式教学的实践主要解决三方面的教学问题:"跟不上"的问题——教学内容还停留在技术层面,落后于古籍修复行业新技术、新工艺、新材料对从业人员的要求,无法培养兼具修复技术、艺术鉴赏、新材料科学知识的复合型技术技能人才;"做不精"的问题——古籍的不可再生特质,使得古籍修复课程实训不能试错,学生实战经验积累有限,学生修复水平难提升,而现阶段古籍修复行业全部依赖匠人手艺,无法形成标准化教学,学生修复质量难保障;"传不广"的问题——传统师徒制教学限制了古典技艺的传承规模,不利于文化传承与保护,传统文化的辐射范围受限。通过对新技术、新工艺、新材料发展下的古籍修复工作岗位的变迁进行分析和归纳,学校探索了中职古籍修复人才培养的整合式教学体系,为未来古籍修复人才培养提供范本。

(二)"2+1"模式下的课程一体化探索

慧育课程指向爱学习、善学习、能实践,掌握并运用复合知识与技能、具备职业发展潜能的慧雅型职业人才培养。学校针对不同专业的人才培养要求与规律,探索了多样化的课程实施特色路径。其中,"2+1"中本贯通模式下的课程一体化建设与实践尤具特点,颇有成效。

1. "2+1"模式的课程有序有效对接

"2+1"中本贯通模式,指的是由 2 所应用型本科院校的专业和 1 所中等职业学校相关专业联合进行的中职—本科贯通培养教育模式。学校首先在文物保护技术中本贯通试点专业中进行尝试,"2+1"中的"2"指的是上海市视觉艺术学院文物保护技术专业、上海应用技术大学材料科学与工程专业,"1"指的是上海市信息管理学校图书档案数字化管理专业。学生在上海市信息管理学校图书档案数字化管理专业三年中职阶段学习后,进入上海视觉艺术学院主修文物保护技术专业,同时辅修上海应用技术大学材料工程专业课程,成绩合格,可以获得上海视觉艺术学院本科文凭和艺术学学士学位,同时获得上海应用技术大学工学学士学位。这是上海市当前中本贯通人才培养模式的一次创新。

"2+1"中本贯通模式下的课程一体化是基于人才培养需求提出的:现代社会需要的是有文史知识、懂科学修复的文物保护技术人才,学生必须在具有文史知识的基础上进一步掌握材料科学、化学等科学技术，并且有过硬的技能。而要使学生兼具扎实的文化艺术知识、科学知识和熟练的操作技能，离不开多学科的教育，需要不同专业的、长时间的贯通教育，即这类人才难以在短时间内培养出来。因此，学校尝试与两所本科院校联合进行"2＋1"模式贯通教育，秉持以人为本、能力为先、市场导向、模块一体化等原则，合作开发三校共育的一体化课程体系。

为保障"2＋1"中本贯通模式下的课程一体化建设，学校提出整体性、层递性、发展性、复合性的课程设计原则，制定"三步走"的课程设计范式：分析岗位能力—形成课程内容—配置课程比例，一体化重塑了古籍修复人才培养的课程标准、课程内容和课程安排。

2. "2＋1"模式的跨专业课程整合

"2＋1"中本贯通模式下的课程一体化建设打破专业壁垒，实现了跨专业课程整合。课程帮助学生建构多维知识结构、交叉学科背景和复合型知识与技能，培育职业素养和职业能力，有效解决以往贯通课程难实施、复合型人才难培养的教学痛点，为复合型人才的培养提供课程支撑。

课程实施以来成效颇丰。一是学生培养质量全面提升。学生专业素养不断增强，岗位竞争力显著提高，对口就业率达97％，服务50余家文物修复行业单位。二是专业实力与日俱增，实现内涵式发展。专业教师教学能力显著提高，专业教师获得国家及上海市教育教学奖项百余项；专业教学资源积淀丰富，建成了数字化实训教学系统、教学资源库、优质课程资源包、市级在线课程、国家规划教材、校本教材与校本实训手册；专业被评为上海市中等职业学校示范性品牌专业，并参与教育部及上海市文物保护技术专业标准的制定。三是形成示范引领效应，获得社会高度认可。课程改革经验与资源在国内外多个院校以及各类媒体平台上得到推广，大幅度提升了专业影响力。

第三节　以文育雅培匠心

文化立校是学校深化内涵发展的重要路径，以文育雅是学校创新课程建设的重要思路。学校传承文化初心，凝聚全员智慧愿景，开发雅育综合素养课程体系，强调针对非遗的文化传承课程模块，通过人文浸润课程以及第二、第三课堂延伸的方式，让学生全过程受到优秀文化的滋养，在提高技能的同时为今后的生涯发展积累无限的可能。

一、立足修身传承，开发雅育模块课程

学校以雅育课程为抓手，使学生认识、理解、弘扬中华民族文化，不断提升中职学生综合素养与文化修养。通过育学生、提素质，实现文化传承与个人修身的融合统一。

（一）基于"五育"的综合素养模块课程

学校以雅育课程为抓手，力图使学生认识、理解、弘扬中华民族文化，不断提升中职学生综合素养与文化素养。通过育学生、提素质、厚植爱国情怀、讲好中国故事，实现从个人修身到文化的传承。

为培养慧雅学生，帮助学生由内而外地强化修养，塑造自信昂扬的精神面貌，形成汲取新知的良好习惯，以求在未来漫长的人生道路上能够不断积淀、成长、提高，学校在各专业的人才培养当中渗透"智能＋"理念，同时关注对学生综合素养的培育。学校围绕"五育"并举，开发了多元化、模块化的雅育课程体系。对标德智体美劳"五育"综合素养，学校综合素养课程覆盖人文育德、技能育智、运动育体、艺术育美、服务育劳五大模块。

其中，人文育德模块课程，主要指向学生文化修养的提升；技能育智模块课程，主要涉及专业拓展、创新创业等内容；运动育体模块课程，主要帮助学生提

升体质,强体炼志;艺术育美模块课程,主要通过艺术科普、音美结合等促使学生浸润心灵;服务育劳模块课程,主要包括主题教育、岗位值日等形式。除了将"文化+"渗透进专业课程外,学校还专门将每周二下午半天的时间用于综合素养课程的教学,同步开发了丰富的综合素养课程群,供学生自主选择。同时,学校在综合素养课程中融入思政课程内容,将思政教育寓于雅育的全过程,在知识传播、技能传授中强调价值引领。例如,在"礼仪与文化"课程中有机融入思政教育,有效提升了学生的爱国主义精神、民族自豪感和民族自信心,有利于引导学生自我约束,更加自觉地遵守社会行为规范。总体来看,学校已形成较为完善的综合素养课程图谱,为实现学生整体的优质培育奠定了扎实基础,有利于学生成为"五育"并举的时代新人。

(二) 基于非遗文化,创建非遗特色模块课程

传承历史文脉是学校长期以来的坚持。从 2005 年起,学校便开始依托优秀传统文化,与非遗传人、艺术大师工作室合作,开设上海灯彩、海派黄杨木雕、紫砂陶制作、文人香制作等非遗民族文化类课程,逐渐形成了深厚的民族文化传承教育氛围,逐步打造了一系列内容丰富、底蕴深厚的非遗传承课程,为学生提供了丰富多彩的机会和平台,并最终成为雅育课程体系的重要部分。

随着学校对民族文化技艺内涵的不断挖掘和拓展,课程模块得以不断调整优化,更逐步提升了非遗的文化传承课程质量。当前,学校积极联合非遗传承人共建课程,学生可跟着非遗传人和工匠大师学习紫砂壶的制作、黄杨木雕的雕刻、古书画的装裱、文人香的制作等,从而积淀历史文化素养、增强审美意识。

二、渗透三大课堂的雅育课程实践

学校在以课程为载体的第一课堂中广泛渗透"文化+"要素,将文化育人贯穿于各专业的教学中,重视对学生职业精神的培养。在此基础上,借助社团活动、才艺展示、文化实践活动等方式,在第二、第三课堂中延伸和拓展,不断加强

相应人员、组织、校企合作、国际合作等方面的支持保障,为学生提供丰富多彩的机会和平台,不仅提升了学生传承文化的技能,更让学生在学习与实践中生成了匠心。

（一）在第一课堂中广泛渗透人文素养与民族精神

学校立足文化传承,不断探索雅育课程实施路径,以期培养道德高尚、言行雅致,既拥有文化素养,又具备较高文化传承能力的慧雅型技术技能人才。学校立足专业群建设,以专业技能为核心,以工匠精神为引领,将中国优秀传统文化、工匠精神、职业道德等广泛渗透于各类课程之中。

除了专门开设基于"五育"的综合素养课程之外,学校也十分重视在各专业群的专业课程中贯穿职业精神的培养,在教育教学各环节中渗透以爱国主义为核心的民族精神与以改革创新为核心的时代精神的培育。通过雅育课程与专业建设的紧密结合,以人文浸润、实践提高的方式让学生在第一课堂中全面、全程地感受文化和体悟匠心。

（二）在第一课堂外实现多元素养的拓展延伸

学校除了在各专业课程体系内设置校本雅育特色课程之外,还将雅育课程延伸拓展至第一课堂之外,通过第二、第三课堂进一步强化和渗透。

第二课堂是学校育人的主抓手,以社团和校园活动为平台,以鼓励自主、培养能力为目标,丰富形式、创新活动。社团作为第一课堂部分课程的延伸,在学校、相关行业企业、学者大师等的协同支持下,成为"文化＋"育人的重要形式。学生在学校的支持下自发组织和策划、自行实施与管理各类校园活动,提升了技能技艺与综合素养。学校的十余个社团成为上海市明星社团,校园特色活动在全市范围内颇有名声,促进了学生综合素养的全面发展。

第三课堂是学校育人的主渠道,以实践为核心,以实现技能应用、服务社会为目标,丰富资源、创新路径。为深度锻造学生职业能力,提升学生文化素养和社会服务意识,学校三大专业群分别签约上海图书馆、华为技术有限公司、上海市东湖集团有限公司等诸多行业头部单位与企业。通过参观见习、工学交替、顶岗实践等途径,学生深入体验到了行业前沿的岗位需求和实践环境,在实践创新的主渠道中完成淬炼、实现提升。同时,学校鼓励学生自发组建志愿服务团队,开展社会服务,在触摸行业发展脉搏、践行社会服务的过程中,慧雅职业人才的画像也愈加清晰。

(三) 强化从组织到机制的支持保障

以专门工作小组落实雅育课程管理。学校成立规范三大课堂实施的联合工作组,明确三大课堂的内容分工与育人职责,针对雅育课程组建专门工作小组,负责创设生动的"文化＋"环境,提供实用的"文化＋"教学资源。同时,学校通过建立相关机制,实现协同管理;通过强化项目引领,实现多方合作的长期动态化管理。

以多方合作盘活雅育课程资源。学校通过项目引领,深度整合各方资源,让雅育课程的内容有机融合,同时能围绕单个或多个素养培养目标灵活调整,让学生真正获益。例如,学校联合技能大师张品芳,成立上海职业教育技能大师工作室,以服务文物保护与修复专业教学为原则,以提升文修专业师资整体素质和技能为核心,积极开展带徒传艺、加强专业建设、促进产教融合等活动。通过大师工作室,学校充分发挥上海工匠、非遗传人等名家大师在带徒传技、技术攻关、技艺传承、技能推广等方面的积极作用,培养了一批文物保护与修复专业的青年高技能骨干人才,打造了上海市古籍修复的高素质教师团队,助推了古籍修复传统工艺的传承、发扬和推广。

以国际合作提升雅育课程质量。作为上海市职业教育先进经验对外输出实施单位,学校依托优秀的民族文化特色职业教育资源,以法国为起点,以行业协会为支点,以课程为载体,开展了一系列民族文化传播与职业技能交流活动,并逐步辐射至欧洲多国及澳洲大陆。在国际交流过程中,学校通过开展中外连线直播大师课堂、共建课程资源、共同进行教师培训等,推动中华文化与西方文化进行碰撞和融合,促进了中西合璧的技术创新,实现了雅育课程质量的不断提升。

案例

“中文＋技能”特色课程输出

1. 以行业协会为纽带,搭建平台,贯通交流路径

学校依托政府支持,对标行业协会,搭建交流平台,确立合作方式,立足专业资源,面向国外职业院校、行业企业以及文化传播机构,通过多种方式开展民族文化宣传及特色职业技能输出,全力推动中国文化在当地的渗透与浸润,提升中国特色职业技能对社会经济的影响。

通过定期开展线下线上的互访交流与研讨,明确民族文化特色职业技能输出需求,完善并创建符合不同人群需要的课程、设备、师资等相关资源。

依托海外大师工作室,以课堂教学、主题讲座及竞赛承办等形式,让海外院校师生和企业员工了解中华民族传统文化特色、学习和掌握中华民族特色职业技能。与当地文化机构合作,推广学生富有民族意蕴的优秀作品及企业融入中式元素的改良产品,开展中国传统文化及特色职业技能的宣传,实现民族文化的浸润和对当地社会经济的影响。

2. 以文化特色为核心,创建资源,构建多维输出

一方面,文化融合,特色凸显,输出课程资源。根据法国热爱艺术且富于创新的特点,选取蕴含中国美学且历史悠远的中式面点作品,将其制作过程拍摄成微课并配上法文字幕,直观展现中国传统面点制作技艺与文化特征。根据澳大利亚图书馆和信息协会的需求,制作古籍修复相关职业技能微课 10 个,形成 2 门专业课程,在博士山学院等多个院校和企业进行传播。

另一方面,关注需求,强化技术,输出设备资源。根据澳大利亚博士山学院开展世界书籍装订技术研究的需求,将我国传统古籍装帧与书画装裱技艺的制作设备和工具无偿提供给对方。为法国厨艺协会定制中式面点制作工具,用于职业院校开展教学实训和产品改良。

学校与法国国家厨艺协会、英国食品产业协会、澳大利亚图书馆和信息协

会(ALIA)、澳大利亚学校图书馆协会(ASLA)等行业协会签订了长期合作协议。现已形成以中式面点、古籍装帧为主的民族文化特色职业技能微课20个，辐射欧洲及澳洲大陆近21个城市，影响院校师生、企业员工等万余人。

第 四 章

实践锤炼：
慧雅型现代技能人才培养的平台

【导语】

人才培养需要平台演练。平台,是锤炼的定力;锤炼,是平台的张力。锤炼平台,是培养慧雅型现代技能人才的最佳载体。锤炼平台的广阔、深邃以及专业,能使培养"一锤定音"。

本章专述学校实训中心建设和大赛竞技的组织开展,通过这两个有效载体,把慧雅型现代技能人才的培养推向前台、送入实战,在真刀真枪的演练与模拟中,锻炼队伍,夯实专业,做强当下,触摸未来,催生人才,浸润身经百战的历练,经受仿真实战的磨砺,培育富有底气、志气、才气的未来工匠。

学校建立了四大实训中心"锤炼链":数字娱乐实训中心、智能服务实训中心、素质拓展中心、慧学未来中心,覆盖慧雅教育人才培养的技能学习各层面,将慧雅办学思想渗透到各实训中心的建设与运作中,成为现代技能人才德技并修的一个重要生成场景。

借力各类竞技大赛,学生筑梦天地,教师获得荣誉,学校特色向社会展示,在发展提质增速的赛道上发力。

第一节　实训建设的优化

实训中心是强化慧雅型现代技能人才实践能力的主阵地，也是锤炼真才实干本领的"精工车间"。学校用先进的理念和技术，持续建设着符合专业需求和岗位设置的开放实训中心，为锤炼加固基地提升能级。

学校实训中心旨在提供真实、模拟的学习环境，使学生进行实战式学习与实践，激发他们的学习兴趣、培养他们的动手能力和创新思维。丰富的资源和设施为学生提供更广阔的发展空间，通过使用现代化设备和工具，发挥创造力和想象力，培养技能和才能。在这里，学生还能接触最新技术和行业动态，了解市场需求和就业前景，助力选择职业和规划职业发展。

实训中心为学生提供锻炼实践能力、培养团队精神的机会，为职业发展奠定了坚实基础，成为学生迈向职业未来的台阶。

一、在数字娱乐开放实训中心实现"智能＋"提升

数字娱乐开放实训中心致力于培养具有创意和创新能力的人才，孵化创意创新。以培养创造力为核心目标，在实训中引领学生追求创意的边界。通过丰富多样的实践项目，提供充满探索和实验的平台，让学生运用数字媒体技术开发自己的创意项目；注重学生的全面发展，培养其批判性思维能力和解决问题的能力；组织学生进行团队协作，培养其沟通和合作的能力。同时，鼓励学生不断挑战自我，突破传统观念，推动数字媒体领域的创新发展。与行业合作伙伴紧密合作，提供专业指导和资源支持，助力学生将创意转化为实际成果。在数字娱乐实训中心的培养下，学生成为具有独立思考能力和创新精神的优秀数字媒体人才，为行业注入新的活力和创新能量。

（一）数字娱乐实训中心的建设初衷

随着数字媒体技术的迅猛发展，创意与创新成为推动数字媒体行业持续进

步的核心动力。为此,建设一个以孵化创意创新为目标的数字娱乐实训中心具有重要意义。学校面向数字媒体技术应用领域的行业企业,培养从事摄影摄像、影视剪辑、影视后期特效、动画制作、平面设计、数字音频处理等工作,具备创意创新、严谨认真、精益求精的职业素养,掌握数字媒体技术应用专业知识,具备动画作品和影视作品的策划、拍摄、制作能力,德智体美劳全面发展的高素质劳动者和技术技能人才;建设集参观展示、体验、实训、智慧管理和宣传交流等多项功能于一体的数字娱乐开放实训中心。

数字娱乐开放实训中心旨在为学生提供真实情境、智能虚拟和文化浸润的育人环境,推动学生综合素养的提升,培养具有创造力和创新能力的数字媒体人才。

该实训中心的建设注重真实情景的模拟和应用。通过与行业合作伙伴的紧密合作,搭建真实情景的实训环境,让学生能够近距离接触实际项目并参与其中。实训项目以真实的客户需求为基础,让学生在实际情境中面对问题和挑战,锻炼实践能力、团队协作能力和解决问题的能力。同时,实训中心提供先进的设备和技术支持,帮助学生在真实情景中充分发挥创意和创新能力。

以智能虚拟技术为基础打造具有前瞻性和创新性的实训中心,是培养具有创意和创新能力的数字媒体人才的关键。通过智能虚拟技术,学生可以在虚拟环境中进行模拟实践,探索新的数字媒体创意和技术,拓展创新思维。数字娱乐开放实训中心提供了基于虚拟现实、增强现实等技术的实训平台,让学生能够在虚拟环境中进行创意奇想、项目设计和技术实践。这将激发学生的创造力,培养他们在数字媒体领域中的创新能力。

此外,当前的数字媒体领域融合了多元文化的特点,因此数字娱乐开放实训中心的建设也尤为注重文化浸润的育人目标。实训项目侧重挖掘和传播本土文化,推动与其他文化的交流与融合。学生在实践中应能够运用数字媒体技术,展现和传达自己对文化的理解与表达。实训中心提供丰富的文化素材、文化活动和文化项目,打破学科的界限,培养学生的文化意识和文化创新能力。

（二）数字娱乐开放实训中心的建设路径

数字娱乐开放实训中心作为培养创意创新人才的重要阵地，需要与校企合作密切结合，打造一个具有专业性、实践性和创新性的育人平台。校企合作是实训中心建设的关键路径之一，通过项目合作、导师引领、资源共享等方式，为学生提供更为丰富的学习资源和实践机会，提高他们的创造力和创新能力。

了解行业需求。数字娱乐开放实训中心建设之初，与相关行业企业进行深入对接，了解其在人才培养方面的期望和需求。这有助于确定数字娱乐实训中心的培养目标和发展方向，以确保培养出符合行业要求的创意创新人才。

建立导师制度。数字娱乐开放实训中心与相关行业优秀企业合作，邀请专业人士作为实训中心的导师，指导学生的实践项目。导师既可以为学生提供专业知识和实践经验的指导，也可以分享行业最新的发展动态和趋势，帮助学生更好地了解行业需求。

开展合作项目。数字娱乐开放实训中心与合作企业共同开展实践项目，让学生在真实的项目中进行实践。项目可包括数字媒体设计、产品开发、内容创作等方面，既培养学生的实践能力，又能加强学生的团队合作和解决问题的能力。

共享与交流资源。数字娱乐开放实训中心与合作企业建立良好的资源共享机制，分享行业内的最新技术和资源。定期举办行业峰会、工作坊等活动，邀请企业专业人士分享经验，与学生进行交流和互动，激发学生的创新思维和创意能力。

建设实训基地。数字娱乐开放实训中心与合作企业共同建设实训基地，提供先进的设备和技术支持。实训基地可以提供硬件设施，如专业的数字媒体工作室、专业实训室等，让学生能够充分利用先进的技术条件进行实践。同时，还可提供软件资源和平台支持，如数字媒体设计软件、虚拟现实技术等，为学生的创意创新提供有力的支持。

（三）数字娱乐开放实训中心的功能定位

首先，数字娱乐开放实训中心为学校内的师生提供教学实训和科研任务，学生可通过实际操作和实践项目来提升自己的专业能力与实际应用技巧。同时，数字娱乐实训中心还为学校提供科研项目的支持，促进学术研究和创新。

其次，数字娱乐开放实训中心还提供企业培训服务，它为数字娱乐技术企业提供数字媒体培训课程和技术支持。通过组织培训课程和工作坊，实训中心可以提升企业员工的知识水平和技能水平，帮助企业提升竞争力和适应市场需求的能力。它可以根据企业的需求和特点，提供量身定制的培训计划，并通过指导和咨询帮助企业解决实际问题。

此外，数字娱乐开放实训中心还具有社会化服务的功能，为全国范围内的数字媒体比赛提供模拟实训环境。参赛者可以在实训中心获得实战经验和实际操作的机会。通过参与真实项目和与企业合作，学生可以接触到实际工作环境和业务需求，进一步提升自己的技能和就业竞争力。

数字娱乐开放实训中心具有人才培养、企业培训和社会化服务的多重定位。通过提供教学实训、科研支持、培训课程和模拟实训环境等多种方式，培养数字娱乐领域的人才，推动行业发展，并为社会提供专业服务。

（四）数字娱乐开放实训中心的集成系统

数字娱乐开放实训中心集成系统旨在满足教学、互动、同步和集中教学管理等方面的需求，以提供全面、高效、便捷的实训环境和教学服务。

教学实训系统覆盖了各种教学场景，包括线下实训和线上融合教学。系统能够满足不同专业、不同课程方向的需求，并提供完整的教学系统。教学实训系统还应该支持学生的科研、创新和创业活动，以及新型实验和项目开发。通过数据沉淀和分析，实训系统能够形成不断优化的线上线下融合教学实验数据模型，提高教学质量和效果。

互动教学系统方便教师进行优质活跃的教学，并促进学生之间的思维交流和碰撞。系统应该配备相应的教学终端和专业软硬件讨论分享系统，方便学生进行小组交流和展示。教师作为课堂组织者，可轻松控制教室内的展示内容，把握研讨节奏，通过思维碰撞和实践交流来快速提升学生的知识水平。

同步教学系统旨在解决实训室不能同时进行实验或进行跨区域学术交流的问题。系统支持跨校区、跨教室的专业课程实训教学，并通过实训教学辅助演示系统，全方位同步教师上课场景和实验操作特写，提升教学效果和教学效率。

这些系统的目标是为实训中心提供全面、高效、便捷的实训环境，满足不同专业的教学需求，提高教学质量和效果。通过系统集成，实训中心可以更好地支持教学、科研和创新创业活动，并推动数字媒体行业的发展。

（五）数字娱乐开放实训中心的内容布局

实训中心内包含数字绘画实训室、素描实训室、色彩绘画实训室、图文信息处理实训室、影视剪辑实训室、数字配音工作室、拟音工作室、UI 设计实训室、摄影摄像实训室等专业实训室。其中主要的实训室包括以下几个。

1. 数字绘画实训室

数字绘画实训室，主要是使用绘图屏配合绘图电脑进行数字绘画教学，充分考虑了教学电脑的色彩呈现效果以及绘图屏等设备的使用场景，配置了高色域显示器和调色电脑桌椅。学生的绘画作品可以存储到数字媒体素材库，提供三维建模实训及影视剪辑实训。该实训室旨在培养学生成为掌握美术绘画专业对应职业岗位必备的知识与技能，能从事平面设计、环境设计、工艺雕塑、服装设计、摄影动画设计等职业，具备职业生涯发展基础和终身学习能力，能胜任生产、服务、管理一线工作的高素质劳动者和技术技能人才。

2. 图文信息处理实训室

图文信息处理实训室，主要为学生提供图像处理、图形制作、版式设计与编排、网页制作、多媒体出版物制作等实训内容，配备了高性能图像处理教学电脑、绘图仪和打印机，可以对学生作品进行打样制作。为学生的毕业设计及实验、实训活动提供实验条件，并能承担相应的认证培训任务。

3. 影视剪辑实训室

影视剪辑实训室，进行视频创作、影视编辑、特效制作等实训，可同时容纳

40 名学生开展实训教学。实训室采用分组教学的布局。根据影视剪辑软件（Premiere、After Effects 等）对教学电脑性能的需求，配置了图形工作站，渲染服务器、存储磁盘阵列；软件配置了 Adobe 套件、集群渲染系统、在线非编管理系统。能够支持创意立项、项目制作、渲染生成、后期处理等一系列全过程的教学实验和实习项目，为特效与合成、图形设计制作等相关教学内容提供良好的技术支持与灵活的内容扩展。

4. UI 设计实训室

UI 设计实训室，主要进行界面效果、人机交互、操作逻辑等内容的教学，为数字媒体专业的网络与多媒体设计方向提供实践、实训。实训室配置了绘图板、专业的显示器来满足实训活动对教学设备的需求。实训室内的主要设备有专业 UI 教学电脑、专业显示器、配套桌椅、电子教室软件等，其中专业显示器采用 10bit 色深的 IPS 面板，能完整呈现 100％Adobe RGB 色彩空间，避免色差造成设计与实物不符的问题。

依托数字娱乐开放实训中心，学生在前沿科技的支持下，使用最新的设备和软件进行专业实训练习，拓宽了视野和格局。而学生完成的作品也可以依托一体化的教学平台，供教学活动和其他专业作为素材和资源使用，培养了学生共享共赢的理念。实训室已不再只是培训学生技能的场所，更是激发学生探索精神和无限创意的领地。

二、在智能服务实训中心触摸职业未来

智能服务实训中心模拟真实的生产场景，让学生完成与工作任务相似的实训任务。通过参与这类实训任务的学习，学生能够不断缩小教学任务和产业需求之间的差距，实现真正的产教融合。

（一）智能服务实训中心的建设目标

智能服务实训中心的建设目标是以触摸职业未来为核心，突出环境育人，打造一个全面发展的智能服务教育平台，为学生提供综合实践和个性化培养的

机会。

首先，智能服务实训中心的建设目标是培养具备良好触摸技能的专业人才，以应对未来智能服务行业的需求。依托系统化的实训课程和实际操作环境，学生将学会使用触摸设备进行各种交互动作和操作，掌握触摸技巧及应用场景，提高工作效率和用户体验。

其次，智能服务实训中心致力于培养学生在智能服务领域的综合能力。除了触摸技能，学生还将学习与之相关的技术知识和理论，如人机交互、用户体验设计、数据分析等。通过综合培训，学生将获得更广泛的就业机会，并能在工作中更好地适应快速发展的智能服务行业。

此外，智能服务实训中心还积极推动与企业的合作，通过行业实践项目和实习机会，让学生直接参与实际项目和业务操作，加深对行业的理解和应用能力，提高就业竞争力。

智能服务实训中心的建设紧密结合校企合作，促进学校与行业的深度融合。与行业优秀企业建立合作关系，引入行业资源和实践项目。通过校企合作，实训中心可以提供更丰富的实践机会和学习资源，帮助学生了解行业趋势和需求，并培养对应的专业技能。此外，校企合作还能为学生提供实践导师，接受导师指导和行业导向的培养，使学生在实践中更加贴近职业需求。

在智能服务实训中心的建设中，注重培养学生的综合能力。除了专业知识和技能的培养外，还注重学生的沟通能力、团队协作能力、解决问题的能力和创新思维的培养。实训项目鼓励学生进行团队合作和项目管理，使学生能够在跨学科的实践中培养出综合能力，并成功应对未来职业中的挑战。

（二）智能服务实训中心的建设路径

在以触摸职业未来为核心的智能服务实训中心的建设路径中，校企合作是一个重要的方向。通过与企业的紧密合作，将学校教育与实际职业需求相结合，提供更贴合行业发展的培训和实践机会，培养学生具备实用技能和职业素养。

首先,智能服务实训中心与企业建立稳固的校企合作伙伴关系。积极探索与有影响力的智能服务企业建立合作关系,包括签署合作协议、共同策划课程和项目等。在建立合作关系的过程中,邀请企业代表加入咨询委员会或顾问团队,共同制定中心的发展规划和课程设置。

其次,智能服务实训中心与企业开展联合研发项目。根据企业的实际需求和中心的培养目标,向企业征集实际问题和案例,共同研发相关的课程内容和实际应用案例,并将其融入实训中,帮助学生解决真实的业务难题,培养他们的解决问题能力和创新能力。

同时,智能服务实训中心提供实习机会和校企合作项目。例如,安排实习岗位、组织企业参访和实地考察等,并与企业进行项目合作,让学生参与真实的项目,在实践中学习和成长。

此外,智能服务实训中心邀请企业专家举办讲座和培训。邀请行业内专业人士举办讲座,分享最新的技术和趋势,帮助学生拓宽视野,了解行业发展动态,提升专业素养;安排企业专家到中心开展技能培训,教授实际操作技巧和工作经验,提高学生的实践能力。

除了以上合作方式,中心还鼓励学生参与行业竞赛和实际项目。中心组织学生参加智能服务相关的比赛和竞赛活动,提供指导和支持,让学生通过实际竞争来锻炼和展示自己的能力。同时,中心与企业合作,承接实际项目,将学生组成项目团队进行实际的业务操作,培养他们的团队合作和项目管理能力。

(三)智能服务实训中心的功能定位

智能服务实训中心致力于确保学生在毕业后能够顺利适应和应对工作中的各种挑战,从而提高他们的就业竞争力。这个实训中心为学生提供与实际工作场景相匹配的技能培训,旨在增强他们的实践能力和职业素养。

在智能服务实训中心里,学生将有机会接触到真实的工作环境,通过实践和模拟任务,深入学习各种实际工作中需要的技能和知识。他们将参与各种实际场景下的工作任务,学习解决问题、合作协作以及有效沟通等关键技能。通过与产业级实训硬件设备的互动,学生能够更好地理解和应用所学知识,增强他们的实践能力。

智能服务实训中心实训任务的设置旨在缩小产业需求和教学任务之间的差距。学生将在模拟的真实生产场景中面对各种与实际工作相关的挑战,从而更好地理解行业需求和应用。通过这类实训任务的学习,他们将能够增长解决实际问题的能力,提升对未来工作的适应性。

智能服务实训中心注重产教融合,通过与产业界的合作,将最新的技术和行业发展趋势引入到课程和实践中。这为学生提供了与实际工作紧密结合的学习机会,使他们更好地理解和应对行业中的挑战与机遇。同时,实训中心与相关企业建立紧密的合作关系,为学生提供实践机会、实习岗位以及就业机会,进一步促进他们的职业发展。

智能服务实训中心不仅关注学生的个人发展,也注重对社会的贡献。培养具备良好实践能力和职业素养的毕业生,可以为社会提供更好的服务和解决方案。他们将成为行业的中坚力量,为社会经济的发展贡献自己的力量。

总之,智能服务实训中心的目标是提供与实际工作场景相匹配的技能培训,培养具备良好实践能力和职业素养的毕业生。通过实践和学习,学生将能够更好地理解行业需求和实际应用,并将所学知识运用到实际工作中。实训中心与产业界的紧密合作和对学生个人发展的关注使得它成为一个为学生与社会提供更好教育和人才培养机会的重要平台。

（四）智能服务实训中心的内容布局

智能服务实训中心内包括人工智能专业技术实训室、边缘计算与智能视觉实训室、人工智能设备部署与运维实训室、人工智能创新应用开发实训室、人工智能系统与集成实训室、数据管理实训室、移动应用开发实训室等专业实训室。其中主要的实训室包括以下几个。

1. 人工智能专业技术实训室

人工智能专业技术实训室,旨在培养学生熟练掌握人工智能基础、机器学习、深度学习、计算机视觉等专业技术,使其能在信息产业、人工智能领域从事图像处理、机器学习、算法开发等工作。在该实训室相关设备的支持下,学生能够更好地掌握人工智能基础理论和应用技术,具备开发应用、系统管理与维护能力,力争成为岗位技能匹配、专业能力过硬、职业素质优秀、发展潜力强劲的人工智能领域应用人才。

2. 边缘计算与智能视觉实训室

边缘计算与智能视觉实训室,旨在培养学生利用边缘计算设备进行智能机器人、自动驾驶、物联网等领域工程开发的能力,为他们将来从事研发、售前技术、售后服务等工作打下坚实基础。学生完成课程后,能选择适合应用场景的模型,了解模型结构和原理,调用人工智能企业提供的 SDK,打包预训练模型为 SDK 使用,以及基于边缘计算开发板进行应用开发。由此,学生可以更好地掌握实际工程开发的技术,为从事智能相关领域的售前技术和售后服务工作做好技能准备。

3. 人工智能设备部署与运维实训室

人工智能设备部署和运维实训室,旨在满足人工智能产业快速发展对技术应用型人才的需求。通过展示互动和实践训练,帮助学生快速成长和提升综合素养。实训室提供真实场景、商用设备,并配套课件和实验指导书,使学生能够具备智能设备部署、运维的社会实践和工作能力。同时,该实训室可满足人工智能课程开发需求,提供多种行业解决方案和相关培训认证。建设专业的智能设备赋能研究环境,提高教师专业知识水平,打造精品课程。它既能促进学生对人工智能应用场景的认知,又能加强学生解决问题、分析问题的能力,培养智能设备系统部署、运维、技术支持人才。通过交互展示内容,推动教学创新,提升学生对人工智能的思维认知。

在智能服务实训中心的各个实训室内,以人工智能技术与应用为中心的智能服务相关专业学生,可以在虚拟实训技术的支持下,更贴近岗位要求,更深度地触摸自己的职业未来。智能服务实训中心是新时代的中职学生预见未来甚至是创造未来的全新世界。

三、在素质拓展中心展开"文化十"浸润

文化浸润,对学生文化知识培养、科学技术知识普及和传承传统技艺具有重要意义。学校通过环境的创设,力求让学生提高对传统文化的认同感,增强对传统文化的自豪感,推动传统技艺的传承发展。同时,依托素质拓展中心的课程与活动,帮助学生获得更多的机会去发展自己的兴趣和特长,提升综合素养,为将来的学习和工作做好充分的准备。

(一) 素质拓展中心的创意目标

素质拓展中心,就是为学生提供的一个特定空间,创设情景、凸显文化,为学生沉浸式学习和传承民族传统文化、非物质文化遗产技艺提供条件,打造一个提升文化修养、感受中华魅力、传承民族技艺的特色平台,让学生的文化素质与综合素养得到培育,为其后续可持续发展奠定基础。

素质拓展中心的建设,既是对学校多年来坚持的"以兴趣乐趣激励并滋养学生人生"这一工作思路的继承,也是对黄炎培大职业教育主义思想的积极回应。学校要培养的慧雅型现代技能人才,在自己所学专业之外,对民族、历史、人文都要有所了解。以非遗为代表的民族技艺传承恰好将文化与匠心精神融合在一起,既可以激发学生学习的兴趣,又可以帮助学生拓展技能,同时学生在非遗传承人的身上也能真正感受到工匠的价值与力量。

通过在素质拓展中心内开展的各类素养培训和实践活动,学生将有机会与各类非遗技艺亲密接触,向上海市乃至全国的非遗传人学习,并运用专门的工具和材料进行实践,提升自己的技能。同时,学生还被鼓励运用自己的创意和实践,推动非物质文化遗产的传承与发展。

素质拓展中心为学生创造了一个包容和尊重传统文化的环境,激发了他们对非遗技艺的热情,并为他们提供了学习、实践和展示的机会。这将加强学校浓郁的文化氛围,增加学生的文化自豪感和归属感,同时也将促进学校"文化十"发展的目标实现。

（二）素质拓展中心的建设路径

以文化浸润、素质拓展为目标的素质拓展中心建设，主要依托两个方面。一个是源自学校的历史底蕴和专业背景，在学校发展历程中累积的人文内涵以及优秀技艺技能。如以土山湾孤儿工艺院所制作的中国牌楼为代表的黄杨木雕雕刻技艺，以徐家汇藏书楼的藏书印制作技术为主的篆刻技艺，文物保护技术专业中特有的古籍装帧、书画装裱技艺，以及学校已经坚持数十年的民乐演奏等。另一个是学校作为上海市中职学校民族文化传承基地，在对外交流合作的过程中，不断挖掘出的具有海派特点、适合中职学校学生学习的非遗技艺，以及部分长三角地区有代表性的非遗技艺。通过在素养拓展中心内设立各个专门的技能实训室与技艺工作坊，让学生能够与民族文化、非遗技艺亲密接触，在传承并弘扬中国优秀传统文化的过程中，培育素养，锻造匠心。

首先，素质拓展中心与上海市非遗教育基地有着稳固的合作关系。上海市非遗教育基地会根据学校的需要推荐非遗项目、安排非遗传人到校指导，指导学校建设素质拓展中心内的各个非遗工作坊，打造非遗传人工作室，并作为学校和非遗传承人之间的桥梁，协调并促进合作的深入。

其次，素质拓展中心与学校开设的综合素养课程紧密关联。根据学校的培养方向、课程需求以及学生的选课意向，定期调整中心设置、优化课程内容，为学生设计更为适切的学习过程，营造更为沉浸式的学习空间，培育涵养，提升能力。

此外，素质拓展中心注重在传承的基础上融入创新。依托各级各类创新创业大赛、文艺展示和比赛，鼓励并组织学生基于所学的传统技艺，结合当前社会热点，进行探索和创新。为了指导和支持学生参赛，素质拓展中心专门打造了多个路演广场，为学生提供练习和展示的舞台。

（三）素质拓展中心的功能定位

作为学校特色育人方式的重要呈现，素质拓展中心的功能定位主要包括以下几个方面。

传承传统文化。素质拓展中心为学生提供了深入学习和传承民族传统文化的场所。学生可以通过各种活动和课程，亲身体验传统音乐、舞蹈、戏曲、绘画、工艺等的学习和实践，促进传统文化的传承与发展。

探索非遗技艺。素质拓展中心为学生提供了研究和学习非物质文化遗产技艺的机会。学生可以学习各种非遗技艺的制作和操作方法，如黄杨木雕雕刻、紫砂壶制作、古法造纸等，推动非遗技艺的保护与传承。

提升技能与创新能力。素质拓展中心通过提供专业培训和实践机会，帮助学生提升技能和创新能力。学生可以与有经验的教师和专家紧密合作，并借助先进的设备和工具进行实践操作，培养动手能力和创造能力。

激发自主研究与创作。素质拓展中心鼓励学生进行自主研究和创作，以推动非遗技艺的创新和发展。学生可以选择某项非遗技艺进行深入研究，改进制作工艺，提出创新设计，为非遗技艺的传承与发展贡献自己的力量。

通过以上功能定位，素质拓展中心成为学生学习、探索和传承民族传统文化，以及非遗技艺的理想空间。为学校的"文化＋"发展目标提供了有力的支持，同时也为学生的综合素养提升和个人兴趣发展提供了良好的平台。

（四）素质拓展中心的内容布局

素质拓展中心设立了海派黄杨木雕工作坊、海派碑拓工作坊、海派剪纸工作坊、海派绒线编织工作坊、海派灯彩工作坊、紫砂工艺坊、药香文化工作坊、扎染工作坊等 10 个非遗技艺工作坊，坊主为来自上海以及长三角地区的非遗传人。同时，还有篆刻工作室、茶道工作室、书法工作室等技能工作室，由学校具备相应特长和技能资质的教师负责。其中具有代表性的有如下几个。

1. 海派黄杨木雕工作坊

黄杨木雕被列入第二批国家级非物质文化遗产名录，海派黄杨木雕是上海开埠时期产生的一种雕刻艺术，将西方写实雕塑技巧同中国传统雕刻技法结合起来，传统题材与现实题材并重，讲究寓意表现，体现生活气息和民族文化韵味。工作坊内布置有定制雕刻桌，配有木料固定器、雕刻刀、刨刀、展示架等。负责人为上海市非遗传承人。

2. 紫砂工艺坊

宜兴紫砂陶制作技艺被列入第一批国家非物质文化遗产名录。它是以特产于宜兴的一种具有特殊团粒结构和双重气孔结构的紫砂泥料为原料,采用百种以上的自制工具,经过打泥片、拍打身筒、相接身筒或镶接与雕塑结合等步骤,最终完成陶制品的传统工艺。工艺坊内布置有定制紫砂工艺桌,配有锤打泥条的搭子、制作造型的拍子、精细做工的刀具和矩车,以及水笔帚、展示架等。负责人为江苏省非遗传承人。

3. 茶道工作室

茶道是中华极具代表性的文化象征之一,工作室主要提供集茶文化普及、茶叶冲泡与技艺展示、传统文化传承于一体的素养课程,让学生在了解茶叶、知晓茶器、掌握饮法的基础上,掌握茶叶的制作工艺、茶具的选用、茶树种植原理、各类茶叶的冲泡手法与技巧、茶品背后的历史传承等内容;让学生通过闻、观、品、触等方法分辨茶叶优劣,体会茶道精神,达到陶冶情操、美化生活的目的。工作室内布置有原木茶桌,配有水壶、茶具、各类泡杯等。负责人为学校教师,具备茶艺师资格。

在各个工作坊和工作室里,学生可以依托多媒体教学设备拓宽眼界,可以在古色古香的情境式空间内沉浸式体验,感受文化的魅力,感悟生活与技艺的美好,提升民族自豪感。

四、在慧学未来中心打造专业共享空间

职业教育更加注重让学生了解未来的世界,让学生明确自己在未来世界中的角色与职业岗位。因此,在校园内为学生创设一个"未来世界"成为学校的一大创新之举。

慧学未来中心,以"慧"为核心主旨,以"学"为目标导向,围绕学校信息技术、数字媒体、文献保护、旅游服务、航空服务五大专业部的专业授课和岗位体验等需求,打造能够提供教学、认知、体验等多元用途,以及服务专业、岗位、职业等多元体验的智慧学习空间,让每一名学生更"慧"学、愿学、求学。

（一）以终为始的空间布局,畅享未来体验

从业始于认知,乐业才能择业。对岗位的深厚认知和对职业的深度体验,是每一个高素质技能人才凝练匠心、锤炼匠艺、投身实践的出发点和落脚点。慧学中心的空间设计来源于"人生之路"的肌理,通过光影、空间、动线设计,使得实训中心更加开放和个性化,让学生学习、体验、感知未来可能从事的职业岗位,打好人生之旅的基础。

总体布局上,慧学空间划分为研创区和体验区,并设计有隐形机房作为收纳。两大部分一体设计,既各自独立,又相互渗透。慧学空间主入口为研创区,超 $30m^2$ 的 LED 弧形屏极具沉浸感和冲击力,搭配 3D 眼镜,可实现整班学生、4 个小组的 3D 虚仿授课和多屏互动研讨。研创区和体验区之间通过独具未来感的手势识别,将大屏转为通道,彰显柳暗花明、别有洞天的人生之旅。这一设计以"天堑变坦途"为理念,突出每个人的职业生涯都犹如一处人迹罕至的旷野,没有笔直的大道可走,没有现成的路径可循,让学生理解职业成长之路犹如跋山涉水,只有进行时,没有完成时。

在体验区,白色空间的设计语言在灯光营造的立体效果中,呈现出丰富而有规则的线条,并组成一条带有科幻色彩的隧道。极富科技感的时光隧道穿梭蜿蜒,结合三大专业群的岗位虚仿体验和优秀学生岗位造型手,营造出穿越时空、游历职场的情形,也通过空间让学生体会到人生没有终点,每一刻都是新的起点。

（二）以梦为马的设计理念,彰显科技引领

少年时光,正当筑梦;科技之光,点亮征途。梦想,一定是一个首尾接续的环形。十六七岁的中职学生,正是编织职业梦想的大好年华,也恰是在科技的引领下,向大国工匠不断迈进的起点。慧学未来中心立足学校"创新服务、智领未来"的建设理念,着眼一个"慧"字,在科技感上做文章,为学生筑梦校园、逐梦技艺、圆梦未来,铺陈不懈追寻的画卷和底色。

研创区在智慧教室设备的基础上,运用智慧教学互动资源,实现多屏互动,可供师生开展分组教学、研讨、互动,也可开展路演、汇报、展示,让学生提前在实战中领略职业生涯的多姿多彩。为学校各专业群量身打造的岗位虚仿体验资源既"走新"又"走心",通过 3D 眼镜和 VR 头盔让"未来"超沉浸、全方位、立体化地来到学生"眼前",学生可在沉浸互动中尽情探索自己心仪的职业和岗位。体验区的科技感,不仅体现在通过空间界面的虚化和转换,营造出多彩人生、多样职业的丰富体验,更体现在鳞次栉比和丰富陈列的岗位认知、岗位体验设备与资源,能够使学生于虚实结合中"预"见未来,在超验互动中"创"想人生。

慧学未来中心另一个特别之处,便是将学校历届优秀学生靓丽专业的职场造型打造成实物 3D 模型,让学校在各行各业中出彩的学生榜样不再是遥远的星光,而是成为在校学生能够看得见、感受到的先进标杆,激发学生你追我赶、对标先进的不竭动力。

(三) 以职为鉴的应用场景,技精致远笃行

职业教育,目的在于培养注重实践、知行合一的高素质技术技能型人才。当前,中职学校的办学定位正从单纯的以就业为导向转变为就业与升学并重。打开中职学生的成长空间,必然要打开中职学生的职业视野,帮助他们树立"终身学习、终身就业,以业促学、以学精技"的愿景和理念。慧学未来中心从专业和岗位的历史出发,沉淀文化、传承文脉,成为学校培养传承与弘扬中华文化的新时代人才的又一重地。

慧学未来中心在学校三大专业群的专业教学、师生研创,以及岗位和职业认知体验的基础上,将工匠精神、民族文化融入整体设计和资源开发,使得学生在沉浸式的体验中,深刻体悟中华优秀传统文化的重要元素,涵养学生守正不守旧、尊古不复古的进取精神,从而更好地润泽匠心、培育匠艺。同时,中心以学校三大专业群为基础,在设计、建设、应用时,既突出特色又彼此融合,使得技和艺相互交融、文化和能力相互渗透,将在传承中创新、在创新中发展的能力培养引入慧学空间日常使用,让学生在润物无声、风化于成中成长为慧雅型现代技能人才。

第二节 大赛竞技的助力

职业技能竞赛是锻造慧雅型现代技能人才的大熔炉，也是德与才、灵性与悟性、平时积淀与临场发挥的试金石。以竞扬长、以赛促技、以磋至专是职业技能竞赛的初衷和追求。

对职业学校来说，与专业相关的技能类竞赛对学生的成长和发展意义重大，这不仅是职业教育特有的培养优秀人才的方式，而且可以激发学生学习专业技能的兴趣，提高学生的技能水平，进一步帮助学生从实践出发，提升对深化理论知识理解与掌握的积极性。

通过竞技类活动强化创生，不仅学生的职业能力、职业精神得到淋漓尽致的展现，也给学校教学改革带来了源源不断的动力。

一、以竞技活动为载体，增强实力、精进匠艺

学校非常重视鼓励和组织学生参加技能竞赛，依托备赛和参赛全过程，增强学生的专业实力、推动学生的技能升级。通过分级有序开展技能大赛，学校为学生提供了提升的机会和展示的舞台，同时依托技能大赛本身的荣誉属性，提升学生的专业技能和自我认同感。学生在专业技能方面的出色表现，也为学校带来了良好的品牌声誉。

（一）组织并参与竞赛活动，搭建展示平台

对职业学校来说，各类竞赛活动中最为首要的就是职业技能大赛。职业技能大赛是依据国家职业技能标准，结合各行业岗位工作的实际要求，以突出操作技能和解决实际问题能力为重点的有组织的竞赛活动。它与职业技能培训、职业技能鉴定、技术革新和行业发展关系紧密。

学校关注的首先是技能竞赛促进岗位成才的作用，它可以激发学生投身技

能训练、提升技能水平的热情和积极性。其次是技能竞赛是培养和选拔高技能人才的极好机会,通过高强度的备赛训练和参赛过程,可以发现并选拔出好的苗子再加以悉心培养,加快高技能人才的培养效率。目前,有部分职业工种就是通过组织技能竞赛,为有潜力、有能力的获奖者颁发职业资格证书。这对于学生在职业技能方面的进步有很大的促进和激励作用。

学校结合当前区级、市级、国家级、世界级等各级各类技能竞赛的要求,从下至上,有计划、有组织地培养并安排学生参加职业技能比赛。首先,定期举行各类专业技能选拔赛,学生可以结合自己的实际情况报名参赛并获得专业教师的指导和帮助。随后,当学生在校级初赛中脱颖而出之后,就能够代表学校出征区级或者上海市级的各类技能竞赛,而在市级竞赛当中胜出的选手,就可以代表上海参加国家层面甚至是世界层面的比赛。

在这层层选拔中,学生要面临的是对专业素质和心理素质的双重挑战,是对自身技能水平和综合素养的复合考验。学校本着鼓励学生人人参与的原则,给予全体学生公平竞争的机会,并通过完善的组织和管理,在学生的升级之路上给予完善的支持。

从上海市"中华杯"职业技能竞赛、上海市职业院校"星光计划"技能大赛,到全国职业院校技能大赛,再到"一带一路"金砖国家技能发展与技术创新大赛、世界技能大赛,都有学校学生积极参与、收获荣光的身影。

 案例

从替补到冠军的成长之路

潘臣洋同学是上海市信息管理学校 2022 级广告艺术设计专业的学生,也是 2023 年全国职业院校学生技能大赛(中职组)"产品数字化设计与开发"赛项个人一等奖获得者。

在潘臣洋入学后不久,学校便举行了一场有 28 个比赛项目、面向全体学生的大型技能海选,为第十届上海市"星光计划"职业院校技能大赛选拔选手。当时接触专业技能和相关软件时间并不长的他，抱着跃跃欲试的态度报了名。

起初，潘臣洋并不了解什么是产品数字化设计与开发，单纯只是出于对数字产品设计的喜爱，但是报名之后，他在李景晖老师的专业指导下，逐渐理清了比赛思路，了解了产品设计及加工应用的各方面知识，掌握了专业比赛的核心要领，开始一步一个脚印扎扎实实地备战比赛。

潘臣洋性格腼腆，不善言辞，遇到问题总是羞于启齿，所以在"星光计划"技能大赛初赛时并未崭露头角。但在前期训练过程中，他沉稳的态度和进步的速度吸引了指导老师李景晖的目光。于是，李老师把这棵很有希望的小苗放在了身边，让他跟着备赛的选手们一起训练，主动关心他的学习和训练，并为他定制了个别化的训练方案，原本打算慢慢培养他，待他成熟后，冲击明年的其他比赛。但在李老师的时刻关注下，加上潘臣洋自身的努力和刻苦，他的技能进步飞速，李老师多次调整他的训练进度，他也逐渐赶上了其他高年级的选手。在当年近 2 个月的暑假训练中，他克服了路程和酷暑带来的困难，坚持每天到校训练，不断提升技能，最终挺到了国赛。

得知进入国赛后，潘臣洋又欣喜又担忧，欣喜是他的努力终于得到了回报，担忧是他还从来没有参加过如此大的比赛。这该如何去准备呢？潘臣洋一时没了主意。一直陪着他走过来的李景晖老师看出了他的烦恼，鼓励他说："没关系，你已经很棒了！尽力而为就好，无论结果如何，学校和我会一直陪着你。"有了李老师的鼓励和支持，潘臣洋重拾信心，将自己的整个暑假都贡献给了国赛，最终在国赛中拔得头筹，拿下一等奖的好成绩。

"我很感谢学校对我的支持，更要感谢我的指导老师李老师，感谢他给我的引导和陪伴。李老师每天陪着我训练，指导我、开导我，我训练多久，他也会陪着我多久，这样我就什么苦都不怕了。"潘臣洋动情地表达了他内心质朴的感谢。

从初赛到决赛，从市赛到国赛，这些比赛经历让潘臣洋从一个腼腆、羞于开口的小男生，成长为能够站在赛场上落落大方的阳光大男孩，不仅提高了他的专业技能，更让他收获了面对人生和未来的信心！

在学生不负众望在各项赛事中屡获佳绩的背后,是学校周全的赛项支持机制以及尽职尽责的教师管理团队在默默支撑。

学校建立了职业技能大赛工作小组,负责协调各个专业参赛事宜,制订参赛计划,组织参赛选手进行培训和备赛,提供必要的赛前和赛中支持。其中,有一支特殊的工作队伍,是由专业教师和职工组成的世界技能大赛网络系统管理项目工作团队,负责网络系统管理项目的选手培训、技术支持、设备维护以及竞赛服务相关工作。他们以服务世赛为目标,从最基础的设备安装开始,在最短的时间内熟练掌握了网络系统管理项目的比赛要求、技术标准、规则流程以及所有的相关内容。在夜以继日的学习钻研和训练中,团队成员的专业知识和专业技能不断提高。一次次考核检查,既是压力测试,也是检验所学的知识和技能,在高强度的培训和训练下,团队的成员都在不断挑战并超越自己。

图 4-1 学校承办世界技能大赛项目

2022 年,他们完美地完成了世界技能大赛网络系统管理项目上海选拔赛的组织和服务工作,同时他们所培养的选手在这场高手如林的比赛当中获得了骄人的成绩,把世界技能大赛网络系统管理项目上海市选拔赛一、二、三等奖收入囊中,3 名选手同时进入第 47 届世界技能大赛网络系统管理项目上海参赛队,并且在全国选拔赛上成功入围国家集训队,使得上海在该赛项上取得了零的突破。

此外,学校心理教师团队为参加技能竞赛的学生专门打造了竞赛心理辅导课程,培养他们的抗压能力以及竞赛心理素质,同时为有需要的学生进行团体辅导和个别咨询;班主任团队为班级内参加技能竞赛的学生做好各项协调和保障工作;教师团队参与学生竞赛训练和作品讨论,出谋划策。可以说,学校全体教职工都在为学生技能竞赛保驾护航。

（二）参加并引入国际竞赛,助力文化输出

长期以来,学校的办学思想深受海派文化的影响,中西交融、兼容并蓄是海派文化的底色,也成就了学校注重多元融汇、传承创新的发展脉络。学校的烹饪类专业是上海市品牌专业和特色专业。近年来,学校以参加和承办各类技能竞赛的方式,不断探寻着专业发展的突破口。

作为世界技能大赛糖艺(西点)的技术支持单位,学校在开展选手培养和赛项服务的过程中,感受到了学生在表现力、创造力等方面的不足。学生需要了解当前世界上对糖艺与西点制作相关的各种最新的技术要求和发展趋势,才能有真正长足的进步。于是,学校决定带领学生前往法国图卢兹地区参加久负盛名的欧洲甜品大赛,通过参加技能竞赛的方式扩大视野,增进见识。作为唯一一个中国团队,学校教师和学生一行与来自世界多个国家的选手一起,参加了这一国际级的甜品比赛,并运用中式美学创作西点作品,得到了当地评委的好评。

随后,学校与法国烹饪行业协会合作,率先将欧洲"金廷帽"甜品大赛引入中国。学校作为唯一的代理机构,全权承办了该国际赛事中国区的邀请赛,并连续三年承担具体赛事工作,组织学生团队出征比赛。通过这项比赛,学校与国内外行业专家一起切磋职业技艺技能、弘扬工匠精神、提升甜品制作技术,并以技能竞赛交流为纽带,让学生体验更丰富的饮食文化,促进中外职业教育交流。

值得一提的是,2022年的"金廷帽"大赛,由于各种原因,法方专家无法亲临现场。幸而学校有着完备的信息化设备和网络系统,法国国家厨艺协会会长 Jean-Marc Mompach 先生等 3 名法方评委从赛前培训到正式比赛,全程以在线方式进行指导,跨越时间和空间的距离,为中国区的选手们示范了醇正的法国甜品"巴黎布雷斯特"泡芙的制作过程,也让身在中国的参赛选手感受了跨越国际的匠心,增强了学习精湛技艺的自信。

每一次大赛通过赛前准备阶段、训练阶段、参赛阶段和总结阶段的习得、竞技与反思,不仅促进了指导教师的教育教学能力发展,将技能竞赛融入日常教育教学,也提升了参赛学生的实践技能和自主学习能力,激发了学生的创新意识,他们用实际行动诠释着工匠精神。选手们对西方甜品探索、融合、创新的过程,也是一堂生动且别具一格的实践课。

经过国际赛事的锤炼,专业的内涵得到了提升,学生的技能水平有了质的飞跃,进一步推动了学校现代技能人才培养规格与世界技能标准的接轨,也为学生搏击世界技能大赛做好准备。不仅如此,学校一贯坚持在西式烹饪技法当中融合中国传统文化的做法,也得到了国际上的认可。通过赛事切磋交流,学校在不同文化、不同国情的国家人民之间搭建起了理解、互信与合作的桥梁;通过赛事组织承办,学校进一步弘扬了和平合作、开放包容、互学互鉴、互利共赢的丝绸之路精神。以世界级技能大赛竞赛要求与标准为导向的人才培养方式,可以让学校师生从观念到技术迈出国门,走向世界。

(三)借力竞赛训练与赛程,磨砺职业技能

职业技能大赛对专业技能水平和实践能力的提升作用有目共睹,对学校专业建设和人才培养方式的促进也是不言而喻。慧雅型现代技能人才,首先要具备精湛的专业技能,学生参加技能比赛就是获得了最佳的磨砺机会,也能为未来就业创业打下坚实基础。

通过技能竞赛,学生可以学习和应用最新的技术与工具,了解行业最新的发展趋势,发现自己的不足之处,以便更好地进行改进和提升。同时,在比赛过程中学生得到了与其他优秀的选手交流、分享经验和技巧的机会,这可以帮助学生更好地掌握专业技能,提高自己在行业中的竞争力。参加职业技能大赛还可以帮助学生与行业内的专业人士建立联系,为将来的就业和创业做好准备。

此外,学生在这个过程中,还可以增强自信心和竞争意识,激发自己的学习热情和创新意识。通过参加职业技能大赛,学生可以证明自己在特定领域具有优秀的技能和能力,明确自己需要提升的方向,增强自己的自信心和竞争意识。技能竞赛活动让学生更加自信地面对自己所学的专业技能,更加积极地投入到学习中去,在提高综合能力的同时,更加积极地探索和创新。

在上海市信息管理学校坚持为学生搭建舞台、鼓励他们参加技能竞赛的过程中,涌现出了大量成才的真实案例。

 案例

从小白到全国技术能手

上海市信息管理学校 2019 级数字媒体技术专业的龚宇航同学是学校备战技能大赛、利用技能大赛为学生提高技术技能水平的受益者,她从一个技能小白走向技能精通,乃至获得"全国技术能手"的荣誉。

在学校的三年,龚宇航是无比充实的。除去上课的时光,大部分时间她都主动泡在实训室里,为技能大赛备赛。

2019 年,一次综合素养课上的错选,龚宇航开始了小白的进阶之路。学数字媒体技术专业的她,对网络系统管理项目一无所知,但因为选修到了网络系统管理的大师课,她一下子对这个项目产生了兴趣。随后,由于在课堂上表现出色,灵气十足,她被老师推荐进入了项目的训练队,在项目组老师的指导下开始了自己的进阶之路。

凭借着老师的专业指导和个人的刻苦练习,她拿到了上海选拔赛的第一名。随后,便迎来了人社部举办的"中华人民共和国第一届技能大赛"。这一次,她遇到了一个前所未有的挑战——竞赛设备在赛前两个月全部更换。听闻这个消息的龚宇航仿佛被泼了一盆凉水,再一次回到"起点"的她开始怀疑自己是否能够在短时间内快速上手,发挥出真正的实力。在这段逆风翱翔的日子里,学校的指导教师团队一直陪在她身边,不仅带着她熟悉新设备、分析赛事要点,更重要的是给予了她无微不至的关怀与鼓励,帮助她重新建立起信心。

国赛的那三天,龚宇航只有一个念头,就是不留遗憾,为这场比赛画上一个完美的句号。重压之下,必有回响。她不但没有失手,反而一举拿下第四名的好成绩,顺利进入国家集训队,成为年龄最小的国家队队员,还获得了"全国技术能手"的荣誉。

在母校的这些经历,不仅让她的专业技能和心理素质快速提升,更让她有了面对未知挑战的勇气与信心。手握世赛国家集训队入场券的她说道:"我很感激学校提供的平台,让每个人都有机会可以找到属于自己的光芒。"在未来的征途上,龚宇航将带着这份感恩与成长,继续积淀,以信心和实力迎接属于自己的精彩篇章。

除了龚宇航以外,全国职业院校技能大赛金奖获得者陆宁杰、徐赟添、朱超凡、刘麒、潘臣洋……都是上海市信息管理学校技能竞赛大红榜上闪光的名字。

多年来,学校通过逐级技能竞赛培养机制,培养出了上海市"星光计划"职业技能大赛金牌选手超过百人,全国职业技能大赛金牌获得者近 10 人。熠熠生辉的奖牌提升了他们的自信,更为他们的职业发展带来了更多的机会。现在的他们都成了企业技术骨干,有的更是已经走上技术管理岗位。

二、以技能竞赛为平台,提升质量、提高声誉

"普通教育有高考,职业教育有大赛"是教育部对新时期职业教育内涵建设提出的要求。职业技能大赛在考验选手技能水平的同时,也对各专业的人才培养、教学改革、师资队伍建设、学生职业素质培养和实践条件建设等方面进行检验。学校组织参与职业技能大赛,不仅对学生的成长有帮助,也可以促进学校教学质量提高和教学改革,推动专业教学的改进和创新,增强学校的社会影响力和知名度,提高学校的品牌价值和声誉。

（一）对标竞赛规格与要求，优化人才培养

职业技能大赛不仅给职业学校的教师和学生提供了一个展示技能的舞台，也提示了当前的专业技能发展趋势和企业对人才的需求。职业学校可以结合这些趋势和需要，不断创新人才培养模式，提高学生的职业技能和综合素养，改善人文素养教育和技术技能培养，增强学生的就业创业能力，落实高质量人才培养。

在参与竞赛的过程中，学校更加深刻地认识到了产教深度融合的重要性。通过创新校企合作育人的途径与方式，依托校企共建校内外实训基地、技能大师工作室、创业教育实践平台等，进一步推动了专业人才培养与企业岗位需求衔接，使得人才培养链和产业链深度融合，为学生参加技能大赛奠定了扎实的基础。

职业技能大赛的整个过程、企业的岗位要求，不仅需要高超的技能，更需要综合素养的全面支撑。要让学生走出校门适应社会，必须提高学生的竞争意识和竞争能力。通过竞技比赛，学生可以体会到成功后的喜悦和失败后的挫败，体会到抗压以及抗挫折能力的重要性，体会到敢于探索、勇于进取的价值，在不断的自我调适中实现心理成长。同时，技能竞赛是对学生多元智力的考验，是对学习态度和应用能力的考察，如果能在人才培养过程中有效地利用大赛机制，不仅可以调动学生的学习积极性、强化正向的学习动机，还可以调动学生的主观能动性，激励学生通过自己的努力完成任务，获得正面激励，进而增强自信。

学校把技能竞赛的备赛环节纳入育人过程，注重将提高学生职业技能和培养职业精神高度融合，重视崇尚劳动、敬业守信、创新务实等精神的培养，充分利用实践环节，培养职业道德，引导学生牢固树立立足岗位、增强本领、服务群众、奉献社会的职业理想，增强对职业理念、职业责任和职业使命的认识与理解。

（二）融会竞赛标准与内容，优化专业课程

职业技能大赛的比赛内容是企业一线最常见的工作，更看重的是学生是否具备实践技能，以及理论知识与实践技能相结合的综合能力。确立职业教育的课程目标的首要依据就是企业对人才的需求，它的确立核心就是要达成以职业需求为中心与学生发展要求的统一。技能大赛搭建了一个职业学校与企业交流的平台，让职业学校瞄准市场变化，贴近企业需求，推动人才培养与企业需求无缝对接，为课程改革设定了坐标，有助于实现培养更多适应产业需求的高素质人才，使慧雅型现代技能人才更接地气、更具价值。

技能大赛选拔的是具有熟练的职业技能、系统的设计能力和一定创新意识的专门人才，它以国家职业技能标准和企业岗位能力要求命题比赛，考核学生对本专业综合理论和综合技能的运用能力。并且技能比赛多是以项目和任务为载体来进行的，注重对学生利用已掌握的理论和技能解决实际问题能力的考察。因此，学校根据竞赛的形式与内容，积极开展教学模式的改革，在专业课程中，实行理实一体化教学模式、任务驱动法、项目教学法等，对强化学生实践技能、提高学生综合素养具有十分积极的作用。

通过参加技能大赛，学校与企业进行深层次接触，全面了解市场需求，参照专业特点，结合行业需求，及时地调整教学内容，以应用为目的选择载体，将职业资格标准和行业技术规范融入课程，设计典型工作任务来整合理论与实践知识，并按照学生的认知规律与职业成长规律对学习内容进行序化，突出实践性。为学生的职业成长搭建了阶梯。

（三）借鉴竞赛管理与竞赛机制，优化师资队伍

职业学校要面向企业培养符合实际需要的技术技能人才，就必须关注教师实践教学能力的提升。从优化师资结构和推进"双师型"教师队伍建设的角度来讲，技能竞赛活动的意义重大。上海市信息管理学校的专业教师当中有较大一部分是大学毕业后就直接走上教学工作岗位，他们没有经历过企业实践的锻炼，不熟悉行业以及企业一线岗位的新技术、新工艺，操作技能相对薄弱。而职业技能比赛的题目大多来自企业行业的生产实际，更注重考核实践技能，这就要求参与竞赛指导的专业教师必须具有较强的生产实践经验和技术能力。教

师需要通过各种途径和方法，深入企业，不断地学习，提高自己的技术水平，及时更新教学理念，转变教学观念，学习新知识、新设备、新技能，并将专业课程内容和职业标准相对接，适应职业技能的要求，提高教学质量。

学校为承担技能竞赛指导任务的教师搭建了深入企业实践的机会和平台，并通过完善企业岗位实践的相关机制、加大奖励力度等措施，鼓励教师深入企业学习，提升自己的能力。

此外，学校要求技能竞赛指导教师在教学中加强学生创新能力的训练和思维能力的培养，因为只有扎实的技能、全面的素质、创新的作品才能让学生在重量级的技能大赛中拔得头筹。借由技能竞赛，学校鼓励教师深入企业行业锻炼，使他们的专业知识水平和专业技能水平都得到提高，实践能力越来越强，教学质量越来越高，在大赛中也能获得更好的成绩。"双师素质"得到提高，教学质量得到保障，培养出来的现代技能人才能够更加受到企业行业的欢迎。

通过各级各类技能竞赛活动的组织和参与，学校教学做合一，学思用兼济，依托星光计划、国赛、世赛等平台，以赛促教、以赛促学、以赛促创，提升学生竞技能力，打造一流师资队伍，全力培育具有优良职业素养和过硬技能水平的现代技能人才。

三、以双创竞赛为依托，打造"一二三四"品牌

培养学生的创新创业能力是建设创新型国家和落实科教兴国战略的需要。创新是一个民族进步的灵魂，是国家兴旺发达的不竭动力。当今世界的综合国力竞争，归根结底是科技实力的竞争、高素质人才的竞争。一个拥有创新能力和大量高素质人才资源的国家，将具备发展知识经济的巨大潜力。培养职业学校学生的创新创业能力，可以为社会输送一大批具有创新思维的新青年，能够助力国家创新体系的建立。

学校主要依托创新创业大赛系统培育学生的创新创业能力，并逐步打造了"一二三四"匠心特色创业品牌。一个社团：精心打造学生创新创业社团，将匠心品牌渗透其中。两支队伍：组建校内外专兼职师资队伍，塑造匠心优质师资。

三方联动：家、社、企匠心汇聚凝合力。四创融合：坚持以思创融合为引导，拓宽育人新途径；以专创融合为基础，夯实人才培育筑根基；以文创融合为依托，打造育人新平台；以科创融合为提升，造就人才培养新环境。

学校连续三年组织学生参加第七、第八、第九届"互联网＋"大学生创新创业大赛（上海赛区）职教赛道的比赛，校级项目入选千余个，累计近 6500 人次参赛，涵盖所有专业与班级。

（一）完善培养机制，落实双创教育实践

为切实加强学校创新创业工作的组织领导，确保创新创业教育及各项活动落到实处，学校建有创新创业领导小组，形成由校长牵头负责，书记、分管校长主抓的工作架构，各部门统筹协调，推动创新创业教育在校内深入开展。

为提升创新创业教育的质量，学校开展了创业基础、就业指导等创新创业方面的教育活动，依托校园活动，强化师生互动，增强学生创新创业意愿，激发学生创新创业灵感。同时，逐步构建创新创业人才培养质量评价体系，在学生评优活动中，将创新精神、创业意识和创新创业能力作为评价的参考指标。

学校以创新创业大赛为依托，成立校级大赛组委会，专项负责本届赛事的所有工作。校级大赛组委会邀请相关专家成立评审委员会，并成立了由学生处牵头，联合校团委、政治教研组的备赛组。通过全体系、全过程地强化组织保障，有效推动了学校在多届"互联网＋"大学生创新创业大赛（上海赛区）职教赛道备赛工作的落地落实。

（二）推动创意孵化，强化创新创业意识

教师在学生创新创业活动中，是一个重要的角色，虽不是创新创业活动的主体，但必须起到启蒙、激励、搭建平台、提供支持的主导作用。学校在开始组织学生参与"互联网＋"大学生创新创业大赛（上海赛区）职教赛道校级赛事之初，就开始着手培养相应的指导教师队伍。

首先，学校邀请了校外创新创业工作的专家为筹建的教师队伍进行培训，从项目选择、团队组建、商业计划书撰写等多个维度给予专业指导，让学校的指导教师有了一个更为直观与全面的认识。

随后,教师基于专业地位,从社会需求与职业发展出发,通过亲身参与创新创业探索和实践,通过带领学生确立并完善创新创业项目,逐步成为创新创业方法与技能的践行者,成为学生开展创新创业活动最有力的支持者。

在此基础上,学校开展了形式多样的宣传工作,动员全体学生积极参与创新创业大赛,鼓励学生从自身专业出发,深入观察并思考,寻找适合的创新创业项目,在指导教师的协助下,学校形成了一大批独具特色的双创项目。

在教师的指导和鼓励下,学生积极参与比赛。指导教师则在多次的带赛实践中愈加明确了要从自身专业出发、从自己对社会的思考出发、从时代发展的趋势出发,去发现并呈现更好、更有价值的创新创业项目。在他们的指导和鼓励下,每个专业、每个班级的学生都行动了起来。

文献专业的学生具备较好的人文历史基础,选择以"互联网+"文化创意服务为切入,开展创业创意项目设计;信息专业的学生以信息技术与人工智能产业发展为基础,以"互联网+"信息技术服务为核心,设计创业计划;旅游及航空专业的学生则以"互联网+"社会服务为亮点,以学生专业特长为依托,精心撰写商业计划书。

为了提升参赛项目质量,学校指导教师结合每一个项目的计划书和汇报材料等,对参赛学生进行了针对性指导,不断打磨项目作品,追求卓越、力臻完美。

在学校全力支持下,学生的表现愈来愈出色,项目的呈现愈来愈精彩,截至目前,学校一共获得了5金7银23优胜的佳绩。成绩固然重要,但更可贵的在于备赛过程中精神、知识与能力的收获,以及每一名学生在参加比赛、打磨作品的过程中愈来愈闪耀的自信光芒。

(三) 整合多方资源,持续创新创业行动

竞赛只是一时的,育人却是持久的。学校通过整合校内资源、家校资源、企业资源和其他社会资源,协同推进慧雅人才的创新能力培养和创业热情激励。

学校结合专业特点和办学特色,建设学生创新创业社团,并开展了相应的学生活动。创新创业社团一方面聚焦学校的"智能＋"特点和慧育工作核心,以"创新服务、智领未来"为主题,开设各类新兴科技宣讲与体验互动活动,通过人工智能技术体验、文创微视频录制、科创作品分享等活动,引导学校创新创业项目向科创方向发展,进一步强化学生的"智能＋"创新创业理念。学生在参与上述活动的过程中深受启发,非信息类专业的学生也开始思考如何实现项目的数字化呈现和智能引入,为后续参加创新创业大赛积累了很多金点子。另一方面,创新创业社团依托学校文化相关专业和民族文化传承基地的有利条件,开设了很多如大师讲堂、博物馆参观、与院士对话等活动,让学生感受人文的力量,并明确了创新创业的立足点必须是为人服务、为社会服务。

学校通过家校活动、校社联动,让学生的创新创业得到家长的理解、支持和鼓励,营造全方位支持创新的学校、家庭氛围。同时,与家长协同关注学生在活动过程中的心理问题,针对学生创新创业的优劣势进行分析和疏导,培养学生的情绪调节、压力应对等创业品质。依托合作企业,学校将学生完成的创新创业作品引入生产线和销售线,并通过互动体验与展示,让学生深切感受到创新创业的魅力,在心中种下创新创业的种子。值得一提的是,通过建立创业学生资料库,学校及时追踪学生在校参赛以及毕业后的创新创业情况,竭尽所能地为创新创业学生提供他们所需的各种资源,有所成就的学生也会带动其他学生进一步开展好创新创业工作,形成良性循环。

此外,学校还通过校内外各级各类平台为社会提供服务,将创业的意识、创新的精神辐射到社会。通过举办"双创年展",以及开展职业体验活动、中小学创新课程项目等方式,让更多的学生了解创新创业,通过实践操作激发创新思维,培育创新创业能力,树立正确的职业观。

第三节　实践活动的演绎

实践活动，是锤炼人才的常规梯台，也是日久生情的日常景致。学生耳濡目染、置于其中，对身心发展的潜移默化作用不可低估。

实践活动，是一种实践性的学习方式，它帮助学生更好地理解并运用所学知识，促进知识与技能的融会贯通，提高学习兴趣、增强学习动力。它区别于竞技类活动，覆盖面更广、学生自主选择和参与度更高。竞技类活动激励的作用更大，实践类活动的教育性则可惠及更多的学生。

学校的实践类活动主要包括校园节日、社团活动、志愿服务三个板块。学校的校园活动主要包括文化传承节、职业技能节、体育运动节、国际交流节，从多个层面为全体学生提供了人人参与的丰富校园活动。社团活动主要包括非遗传承社团与才艺教育社团，给予了学生课程之外以培养个性特长为目标的自主活动平台。志愿服务活动主要指向依托学生专业技能、特长优势，走入社会、服务他人的实践。不管是哪一种形式，对学生来说都是展现自身才华、运用自身技能、获得更多美好体验的有意义的活动。

一、校园节日展现学生风采

无论是哪一种类型的学校，校园节日庆祝活动都是学生最期待的时刻之一。这些庆祝活动不仅仅是一种娱乐方式，更是学校教育中不可或缺的一部分。通过庆祝节日，学校能够给学生带来欢乐和时刻令人难忘的经历，同时也能够传达重要的价值观念和教育目标。

首先，校园节日庆祝活动有助于学校文化的传承和发展。每个学校都有自己独特的传统和文化，通过校园节日庆祝活动，学校可以弘扬和传递这些文化价值观念。"慧雅"是学校的文化品牌，借由校园节庆活动，我们通过环境布置、主题创设等方式，在学生心目中强化"慧"与"雅"的追求，渗透"智能＋"与"文化＋"的特色,营造"和乐"的校园氛围,引导学校师生以和善的心态待人、接物、处世,融人之长、合己之短,不断发展革新,共同打造育人的热土。

其次,校园节日庆祝活动可以为学生提供实践学习的机会。通过参与活动,学生可以将在课堂上学到的知识和技能应用于实践中。例如:技能节上,学生可以展示自己在专业领域的学习收获,实践并应用所学的技能;体育节中,学生可以运用他们在体育课上学到的知识和技巧,提升体育素养;在音乐节上,学生可以展示他们的音乐才华和表演技巧。校园节日庆祝活动是学生实践学习的舞台,能让学生获得更全面的教育,发掘内在的潜力,放松心情、体验快乐、树立自信,并为未来的职业选择和未来发展奠定良好的基础。通过校园节日庆祝活动,学校能够为学生打开更广阔的发展空间,培养他们全面发展的能力。同时,学校的节日庆祝活动也是学生成长中美好的回忆和经历,将陪伴他们一生。

上海市信息管理学校校园节庆活动旨在丰富学生在校的生活,鼓励学生在活动中实践技能、展现能力、收获自信,探寻更好的自己。

（一）文化传承节,凸显育人特色

文化传承教育一直是学校的教育主题词,渗透在各个层面、各个环节的教育当中,节庆活动当然也必不可少。依托学校文化类相关专业、依托民族文化传承基地的建设工作、依托学校地处徐家汇源的文化渊源,学校开设了系列化的文化传承节日,每一次都以不同的主题开展活动,不同专业的学生轮流担任节日展示板块的主角,其他学生可以尽情参与,体验文化带来的魅力,感受文化传承的力量。

学校以非遗技艺传承和海派美食文化为主题的文化传承节独具特色,受到了全校师生以及兄弟学校的认可与欢迎。

 案例

炊金馔玉 创"味"来

民族文化是所有文化的根脉,其中美食文化是此根脉上最为悠久的一脉。

中华美食源远流长,中华大地上各大派系的精妙美食技艺汇聚成江,形成了令全世界惊叹的中华民族美食文化之脉。上海市信息管理学校作为一所拥有沪上知名烹饪专业的学校,多年来不断打磨这一技艺,并加以锻造和凝练,在传承中铸就出一道道精美的民族饮食文化"佳肴"。

为传承中华文化,展示学校在发扬传统美食制作技艺中的努力,学校举办了"炊金馔玉 创'味'来"民族美食文化传承年展活动,开启了一场色香味俱全的美食文化之旅。

此次文化传承年展,将传统节日食俗与上海弄堂美食汇集在一起,将"一带一路"沿线上的美食引进校园,使我们的民族文化通过生活化的形式向外传播。

"古意悠悠"美食展区中有鲜肉月饼、粽子、青团、汤圆,"弄堂风情"美食展区中有麻球、葱油饼、烧卖、油墩子、小笼,"一带一路"美食展区中有法式牛排、意大利比萨、食品雕刻、海苔薄脆,"美饷佳肴"学生作品展示区中有各式各样的中式菜肴。一道道美味在学生灵巧的手指间成型,热闹的氛围让传统手艺生动了起来,枯燥的技能训练借由美食在学生的喜爱中转化为热爱。

与会领导、嘉宾和师生一起进入展区观赏学生的技艺展示并进行互动。每位嘉宾和参加活动的师生手持三枚美食挂件,分别从口味、卖相、创意这三个方面给各展位投票,最后将根据每个展位前获得的挂件数量评出相关奖项。

在最终的闭幕环节中,在《我爱你中国》的歌声中,评选出了各个奖项。十四个展位分别获得了最佳人气奖、最佳口味奖、最佳卖相奖、最佳团体奖、最具创意奖、最具特色奖、最具实力奖、最受评委喜爱奖、优秀"老字号"奖、优秀刀工奖、优秀手艺奖。这是对参展学生技能与服务的鼓励,更是对文化传承的激励。

(二) 专业技能节,强化专业自信

学校以展示和强化学生的专业技能与专业认同,营造积极进取、奋发向上的校园氛围为目的,以校园节日的形式举办与职业相关的技能展示和评价活动,为学生提供施展才华、发挥个性、挖掘潜能、团结协作的舞台。专业技能节以集中展示技能并开展评价为方式,鼓励学生苦练技能、提升实践能力,集中展示技术技能的风采,彰显学校的职业教育特色。

学校以专业部为单位,组织相应的技能展示和评价活动。起初,主要是以学生在专业课堂内所学的知识和技能的展示与呈现为主,通过设置主题,让学生在规定时间内完成作品并进行评比,以此考查学生的技能学习情况,对学习努力且学有所得的学生进行鼓励。随着上海市"星光计划"职业院校技能大赛的如火如荼举行,学校将原来的技能节与"星光计划"大赛进行有机整合,把"星光计划"大赛的项目引入专业部。一方面,对技能节展示项目进行优化和升级,在课堂所学技能的基础上,更多地注重学生未来职业岗位的需求以及创意提升的要求。另一方面,将学校的职业技能节作为上海市级"星光计划"大赛的校内选拔环节,根据比赛要求选拔种子选手参与后续的集中训练,再进行有针对性的培养。

在学校技能节上脱颖而出的学生,通过逐级参加各类竞赛的选拔,最后入选国赛、世赛,成为全国技术能手。

（三）体育运动节,强健学生体魄

为全面贯彻素质教育的方针,积极营造健康向上的校园文化氛围,丰富学生的课余生活,增强学生身体素质,推动学校体育教育健康发展,学校根据校园实际,采用有分有合的方式开展体育节活动。单数年由专业部自行组织和开展专业组内部的体育游艺活动,提高师生的体育兴趣,促进各班级的交流,增进友谊,调动学生体育锻炼的积极性;双数年组织全校层面的运动节,用两周的时间完成单项的初赛选拔以及全校层面的决赛和团体项目比赛,目的是增强师生的体育意识,提高他们的体育素养,发扬团队精神,形成浓厚的校园体育文化氛围。

当然,体育锻炼是一个长期的过程,不可能只是在运动节期间进行。但体育运动节作为一个集中呈现学校体育教育成果的平台,受到了全校师生的喜爱,并成为他们每年秋天最美好的期待。为了能在体育运动节上"出现",学生积极投入到日常篮球、排球等社团的训练当中,操场上也时常出现三三两两一起跑步的身影。

通过体育运动节,在学生当中选出了一批好苗子,成为学校特色体育项目运动队的队员。学校冰壶队在全国青年冰壶锦标赛中荣获男子团体第四名、上海市青少年冰壶锦标赛混合双人第一名、混合团体第一名;学校女子篮球队夺得了学生体育大联赛校园篮球满天星比赛的冠军。

图 4-2　学生参加全国青少年冰壶比赛

(四) 国际交流节,展现文化自信

作为一所十分重视传承与创新的职业学校,得天独厚的地理优势与文化氛围也赋予了深厚的文化底蕴,中餐烹饪、文物保护技术等富有民族文化特色的优质专业,上海工匠、非遗传人等诸多专业名师,成就了一系列有学校烙印的优质文化资源,也为学校打造了一张张闪亮的文化名片。

每年的十一月是学校的国际交流节,在此期间,学校与法国厨艺协会、法国图卢兹 ESM 职业学院、澳大利亚博士山学院等国外院校进行交流,重点将"中文＋技能"项目推向海外,以此提高我国职业教育在海外的国际地位。

目前,我们已经在共建课程、师资交流和学生培养等方面开展深入的交流与合作。学校为 ESM 职业学院等职业院校提供中式烹调、中式面点、古籍修复与装帧、书画装裱、黄杨木雕、紫砂壶制作等课程的输出,促进了中西合璧的技术创新,增进了国际社会对中国社会生活与发展的认识和了解,吸引了国外职业教育同行与学校开展专业技术合作,使优质的职业教育资源走出国门、走向世界。

二、社团活动拓展学生特长

学校根据职业教育的特点以及自身的专业特色,通过支持学生组建技艺传承、艺术教育等各类学生社团,推进相应的学生志愿服务活动,让学生在寻找乐趣、发展兴趣、实践技能、服务社会的过程中,发现并肯定自己的价值,找到人生的目标与方向。社团主要由学生自主管理,一方面可以提高学生群体某方面技能的水平,另一方面也可以强化学生群体间的沟通,提高他们的交际与合作能力。

（一）技艺传承社团,绵延中华文化

为了更好地传承和弘扬中华优秀传统文化,创造良好的民族文化传承教育氛围,全面提升学生的文化修养,学校开始了民族文化传承教育这一校园文化建设项目的探索和实践。通过对以非遗为代表的中华传统技艺的传承与弘扬,使得理解、认同、推崇中华民族传统文化之心在校园里生根发芽,茁壮成长。

学校充分利用上海市中等职业学校民族文化传承基地的资源优势,结合非遗大师工作室、技能大师工作室等平台,在素质拓展中心开设了非遗工作坊、工艺坊以及技能工作室,以综合素养课程的方式面向学生开展中华传统技艺的传承教育。学生在参与上述课程的学习之后,自发组建了古籍缮藏、妙手书医、方寸钤印、茗香茶韵、海派非遗、悠悠民乐、国风花艺等近十个技艺传承社团,成为校园中一道多彩的风景。其中,有多个社团被评为上海市明星社团。

图 4-3　学生在社团内沉心感受民族文化与技艺的魅力

每一年的社团招募活动,技艺传承社团总是能吸引到大量的学生。为了维持技艺传承社团的高品质,社员选拔的标准一年比一年高,学生也经历了从喜爱到热爱再到专业的成长过程。技艺传承社团成为学校一张靓丽的名片,通过学校搭建的展示和实践平台,社团走出了校园,走入上海市学生职业体验日活动、走入上海市教育博览会、走入"淮海楼宇"白领午间课堂,承担起了将传统文化技艺向全社会传播的责任。同时,也借由学校对外交流的机会,技艺传承社团的学生走入云南和西藏,促进了民族间的交流互通;走向法国和澳大利亚,让民族传统文化技艺扬名国际。

(二) 艺术教育社团,惠泽每个学生

职业学校的社团活动也需要承担起艺术教育的功能,从学生喜闻乐见的艺术形式入手,培养学生的艺术兴趣。学校的艺术教育社团活动也有着显著的职业学校特色,从学生真实的身心需要出发,结合学生未来所需的职业素养,在推进艺术教育的同时,注重引导学生言行规范、仪态得体、自信大方,在学习美、欣赏美、传播美的过程中,把自己也培育得更加美好。

学校通过综合素养课程中艺术育美板块的课程,为学生提供声乐、美术、舞蹈、器乐等方面的熏陶和指导。在课程的加持下,学生自发组建了"乐舞"舞蹈社、"鸣音"合唱社、"慧韵"绘画社、"知音"民乐团等多个艺术社团。学校根据学生的建议,为这些艺术社团聘请了专业的指导教师,其中不乏来自上海市舞蹈团、上海市爱乐乐团等艺术团体的老师。经由他们的点拨,学生获得了更大的进步,入学前没有任何基础的他们,在各类艺术比赛中崭露头角。

 案例

呦呦鹿鸣　德音孔昭

学校鼓励教师带动学生设立与艺术美育相关的学生社团。一方面,不以教师为主体,避免"说教";另一方面,激励学生自主发现艺术、感受美好,让学生在自主开展艺术教育的过程中提高自信心,体验成功感,将学生潜在的能量转移至学习与活动,从而改变学习态度,提升学习动力。

雅育是以文化魅力打动人,雅行是以文化价值浸润人。"鸣音"合唱团就是这样一个为了打造美、塑造具有雅行人格的学生而建立的学生社团。

学校于 2009 年成立学生合唱社团,以课外兴趣小组的形式开展活动,受到学生的喜爱。在此基础上,2014 年正式成立了"鸣音"合唱团。"鸣音"二字取自于《诗经》:"呦呦鹿鸣,食野之蒿。我有嘉宾,德音孔昭。"

学校鼓励"鸣音"合唱团以提高学生的综合素养和艺术修养为宗旨,发挥合唱特殊的教育作用,在提升学生艺术素养的同时,增强了学生的集体荣誉感与合作精神,激发学生热爱生活、创造美好人生的意愿。

这是一群几乎没有一点声乐基础的学生,却在无数个中午、放学后自发地聚合在一起,从练基本功开始,不断磨合,逐步增强了对音乐的热爱,收获了成长的喜悦。

尽管起点低,基础弱,但"鸣音"合唱团一直坚持每周开展活动。经过多年的不断磨合与实践,合唱团形成了属于自己的培养路径:大部分学生参与学唱和校内活动,定期选拔少部分优秀的成员组成小队参与各级各类的展示与比赛。

2015 年"鸣音"合唱团学生策划了与区域内七所中职校之间的校际学习及成果展,收获一致好评;2017 年,"鸣音"合唱团参加第二届上海市中等职业学校音乐剧比赛,获得二等奖;2019 年"鸣音"合唱团参加"我和我的祖国"——上海市中职学生大合唱比赛决赛和 2019 年"童心向党"——徐汇区学生庆祝中华人民共和国成立 70 周年歌咏活动暨学生合唱节,荣获上海市二等奖和区二等奖。

值得一提的是,学校的艺术教育社团活动也有着显著的职业学校特色。从学生真实的身心需要出发,结合学生未来所需的职业素养,在推进艺术教育的同时,注重引导学生言行规范、仪态得体、自信大方,在学习美、欣赏美、传播美的过程中,把自己也培育得更加美好,做一个慧心雅行的学生。

三、志愿服务助力学生发展

如何提高学生的社会责任感是摆在中职学校面前的重要问题，而志愿服务活动是强化学生社会责任感的一种行之有效的育人途径。

学校认为，职业学校要支持和鼓励学生在志愿活动中尽己所学、所知、所能，为社会、为大众提供优质服务，推动学生志愿服务活动与专业技能、兴趣爱好、就业方向、社会所需相结合，提高服务能力，同时进一步增强自身社会责任感和使命意识，使学生更客观地评价自我、认识社会、学会思考、学会选择、学会担当、学会合作，进而促进学生全面发展。

学校组织学生通过参加志愿服务队的活动，有机会为社会贡献自身的才学、能力，并在不同的岗位上发挥自身的作用和优势，不仅为社会做出了一定的贡献，而且人生的价值也得到体现。这对于中职学生来说，不仅能促进对自身的认同，也可以强化对专业的认同，实现对自我的提升。

（一）规范组织活动，传递文明力量

志愿服务活动对于社会而言，首先是传递爱心，传播文明。志愿者在把关怀带给社会的同时，也传递了爱心，传播了文明，这种爱心和文明从一个人身上传到另一个人身上，最终会汇聚成一股强大的社会暖流。其次，志愿服务活动有助于建立和谐社会，通过提供社交和互相帮助的机会，加强了人与人之间的交往及关怀，可以促进社会和谐。再次，志愿服务可以促进社会进步，社会的进步需要全社会的共同参与和努力，有越来越多的人参与到服务社会的行列中来，对促进社会进步有一定的积极作用。

学校从培养慧雅型现代技能人才的角度出发，将社会责任感作为现代技能人才培养的必备要素。为了做好志愿服务队的组织工作，学校完善了班级志愿者服务手册记录的规章制度，建立健全了招募、注册、选拔、培训、考核、表彰等管理体系。目前学校拥有 6 支校级志愿者服务队、80 支班级志愿者服务小队，所有的学生在校期间都要参与志愿服务活动，另有近 300 名学生自发地参与到了长期的志愿服务当中。

校级志愿服务队，主要是进博会机场保障团队、中共一大会址纪念馆服务团队、宋庆龄烈士陵园服务团队、龙华烈士陵园服务团队、钱学森图书馆服务团队、电影博物馆服务团队等。其中，龙华烈士陵园纪念馆志愿讲解志愿者服务队为学生品牌志愿者服务队，志愿服务项目"遗爱殷殷在，勿忘缔造难"于2021年入选全国首批中学生志愿服务示范项目。

 案例

青春耀百年　志愿新征程

为探索推动中学生志愿服务项目规范化建设，中国青年志愿者协会与上海复星公益基金会联合开展了中学生志愿服务示范项目培育计划，培育一批优质中学生志愿服务品牌，探索形成具有中学生特点的志愿项目组织管理模式。该计划首批面向北京、上海、浙江、广西、四川5省（区、市）实施。经专家评委审议，从申报项目中遴选50个项目，作为首批中学生志愿服务示范项目。

学校龙华烈士陵园纪念馆志愿服务项目"遗爱殷殷在，勿忘缔造难"从众多优秀项目中脱颖而出，成功入选。

1. 践行志愿服务，展现青春风采

上海市龙华烈士陵园（龙华烈士纪念馆）作为一个集纪念、瞻仰、碑苑、遗址、烈士墓、就义地、青少年教育和游憩于一体的爱国主义教育基地，其志愿者招募活动的开展受到了学校学生的持续关注与广泛参与。学校于2016年与龙华烈士陵园纪念馆签订志愿基地服务协议，由蒲汇塘校区承担学生志愿者招募、选拔工作，并组织校区学生开展日常志愿服务活动。

2018年起，蒲汇塘校区团总支组建了以文物保护与修复中本贯通班学生为主力的志愿讲解员队伍，并在寒暑假及周末时间组织学生志愿者前往纪念馆为游客提供志愿讲解服务。凭借学生志愿讲解员们的认真与努力，学校连续三年都有多位志愿讲解员荣获由上海龙华烈士陵园（龙华烈士纪念馆）颁发的"优秀志愿者"

称号。学校连续获评 2019 年度、2020 年度"龙传人志愿者优秀团队"称号。

2. 宣讲红色故事，赓续英烈精神

在每年重大节日来临之际，学生志愿者们都会参与龙华烈士纪念馆举办的各类活动和比赛。

在"英雄之光　照耀前方"——"龙华杯"第一届红色诗歌诵读大赛、"邮驿龙华"主题研习会——2020 年学"四史"主题教育之建军节特别活动、"开阔视野　成长你我——2019 年龙传人志愿者游学"活动中都能见到学生志愿者的身影。

在团市委主办的"未来杯"上海市高中阶段学生社会实践大赛志愿公益类项目中，学生志愿者在指导教师许闻强的带领下，完成社会实践项目，连续两年入围决赛阶段比赛，分别获得了 2019 年度上海市三等奖、2020 年度上海市二等奖的佳绩。

学生志愿者通过活动与比赛的展示，用他们朝气蓬勃的青春之声，宣讲红色故事，用新时代青年的责任感与使命感，向大家述说革命路途的艰辛与信仰的力量，赓续英烈精神。

作为学校龙华烈士陵园纪念馆志愿者服务队的两位队长，2017 级文物保护与修复中本贯通班潘婷、2018 级文物保护与修复中本贯通班杨馨烨不仅能积极组织同学开展志愿服务活动，还能以身作则起到带头引领工作。仅仅一个暑假，她们两人便分别完成了 188 学时、130 学时的志愿服务时间。在她们的带动下，志愿服务队的其他同学也纷纷主动请缨，放弃休息，顶着酷暑与严寒前往龙华烈士纪念馆开展志愿讲解服务。高健译、徐佩宇两位同学连续两年获得了"十佳"志愿者称号。

凭借自己的努力与付出，潘婷同学获得了 2018 年度"全国最美中职生"荣誉称号；杨馨烨同学获得了 2020 年"徐汇区新时代好少年"荣誉称号，成为全校学生的榜样。

作为学校优秀的学生干部，她们用实际行动诠释了奉献、友爱、互助、进步的志愿服务精神，以她们为榜样，在校内也涌现了一批乐于助人、甘于奉献的学生，在她们的推动与引领下，校内志愿服务新风貌已然形成。

学校近年来形成的"3级技能竞赛＋1项创新创业大赛＋9大校园节日＋5大明星社团活动"这一独特的校园活动框架,营造了自由和谐、创生合作的校园氛围,促进了学生全面发展,发掘和激发了学生的潜能,培养了他们的领导力、创新能力、团队合作能力等各方面能力,也成为学校办学的独特风景。

(二) 有效提升能力,成就自我成长

志愿服务对于志愿者个人而言,也有着重要的意义。首先,志愿者通过参与志愿工作,有机会为社会出力,尽一份公民责任和义务。其次,志愿者利用闲余时间,参与一些有意义的工作和活动,既可扩大自己的生活圈子,更可亲身体验社会的人和事,加深对社会的认识,这对志愿者自身的成长和提高是十分有益的。最后,志愿者在参与志愿工作的过程中,除了可以帮助人以外,还可培养自己的组织及领导能力,学会与人相处等。

对职业学校的学生而言,在志愿服务活动中,通过运用自己的知识和本领,力所能及地帮助他人解决问题,不仅能更快地了解并融入社会,还能够在助人的过程中感受自己的力量、发现自己的潜能,进而增强自信心,获得面对社会、面对未来的勇气。

每个人的内心都有服务他人、服务社会的需要,只不过有时候它是隐形的,教育的功能就是激发并保护每个人的这种需要,并把它发挥出来。慧雅教育理念就是要通过全方位的能力培养和素养提高,然后通过各种活动,让学生将所思、所感、所获、所得通过自己的行为生动地演绎出来。

丰富的校园活动、专业的实践活动、多彩的社团活动和高尚的志愿服务活动,加深了慧雅育人的成色,也成了学生历练成长的大课堂,激励和支持着所有学生实现自我成长。

 案例

最美中职生

在上海市信息管理学校就读的日子里,潘婷感受着从未有过的充盈。课堂上，她接受着中华传统文化和匠心的熏陶，更沉浸在了虚拟技术带来的文物修复"黑科技"里；专业课外，她接触到了眼花缭乱的素养课程、才艺社团，让她的校园生活变得多姿多彩。丰富的学习生活带来的是丰盈而强大的内心，是亟待释放的热情。于是，她主动加入了学校特色志愿者服务队。

她清晰地记得自己第一次在龙华烈士陵园做志愿讲解员时的情景，那种兴奋与激动的心情。而后，她成为学校龙华烈士陵园志愿服务队队长，更加以身作则，投身于各类志愿服务活动。2018年，她作为第八期徐汇区中学生骨干训练营的成员，主动报名参与由团区委和衡复公益基金联合举办的暑期中骨班云南爱心夏令营，连续两年前往偏远地区支教，为当地儿童带去知识与爱心，同时也带动身边更多的同学加入到志愿服务的行列。

在学校的三年里，潘婷不断成长着，先后担任了班长、校学生会主席等职务，提升着自己各方面的技能。依托学校提供的平台，她加入了校园广播台成为主播，也有了更多外出演讲、主持的机会。

在上海市信息管理学校这个舞台上，潘婷尽情施展，甘于奉献，充分展现了当代中职学子昂扬的精神状态和青春活力，她也因此荣获"全国最美中职生"称号。

后来的她进入上海视觉艺术学院攻读本科，并担任班长、文修学院学生会副主席等职，细心认真的工作态度得到了老师和同学的一致好评，在她看来，这些都是在信息管理学校的经历带给她的成长。

向阳逐梦，未来可期。新的一代未来应如何肩负起建设祖国的重任，"全国最美中职生"潘婷用自己的行动，给出了有力的回答。

第 五 章

校企协同：
慧雅型现代技能人才培养的合力

【导语】

人才培养,需要机制保障。校企合作,是现代职业教育的显著特征,也是培养慧雅型现代技能人才的宽广通道。

本章详述学校在校企合作工作中的创新探索以及一系列令人惊喜的成果,从简单、初步合作到向内涵要质量、向外延要丰富、向内容要品质、向布局要完善、向重点要突破、向育人要持久,打造了校企合作在职业教育领域的学校典型,其深度融合、广度渗透、高度求质为学校优质发展提供了不竭动能,更为慧雅型现代技能人才培养拓宽了视野,丰富了渠道,更新了方法。

将工作岗位中的新技术、新业态、新模式、新工艺融入教学内容,推进专业设置与产业需求对接、课程内容与职业标准对接、教学过程与生产工作对接,为新时期的校企合作提升层阶、拓宽视域,也使得学校办学更为优化、更加高效,丰富了慧雅型现代技能人才培养的智慧。

第一节　基于传承　共话创新

　　培养慧雅型现代技能人才，校企合作是必经之路。人才培养是职业教育改革发展的核心内容。我们要培养的是具有复合型知识与技能、具备职业发展潜能和多元素养的慧雅型技术技能人才。要实现这一人才培养目标，在构建多元课程、落实活动实践之外，还需要结合职业教育的特点，对学校各个层面的育人内容、育人载体、育人内涵等进行深入的思考和探究。全面深化校企合作、协同育人则是职业教育人才培养质量提升的关键。

　　文物保护技术专业是学校的重点特色专业，是上海市信息管理学校"运用现代科技手段加强古籍典藏的保护修复和综合利用"，"推动中华优秀传统文化创造性转化、创新性发展"的具体实践。文物保护与文化传承，对赓续中华文脉、弘扬民族精神、增强国家文化软实力、建设社会主义文化强国具有重要意义。

　　同时，随着社会的发展与科技的进步，新技术、新材料、新素养不断发展，文物保护行业正经历着专业化、科学化发展的技术变革，对从业人员的能力和素养要求越来越高。传统的教学内容、单纯的手艺训练和单一的培养途径已经不能满足新时代发展的需要，如何培养既懂传统技艺又懂现代科学技术的文物保护人才，成为亟须破解的难题。

　　学校的文物保护技术专业满怀对民族文化、传统技艺的敬畏之心，以传承为基础，并在企业的支持下，为这一专业镌刻上了新时代的烙印。

　　2003年，学校为进一步深化图书档案数字化管理专业学生的人才培养，在与上海图书馆深入合作的过程中，觉察到了文献保护技术相关的专业知识与技能的需求，于是开始在图书档案数字化管理专业开设古籍修复方向的课程，为图书馆、档案馆等文化场馆输送古籍修复专才。

　　2012年，古籍修复行业中新技术、新材料、新素养的"三新"发展对人才培养提出了新挑战，学校以首批教育部信息化项目"校企共建虚拟实训资源机制、模式探索"为基础,开始进行文物保护技术专业教学改革的探索。

2016 年,学校形成文物保护技术专业教学改革总体方案,建成虚拟实训系统,突破古籍修复实训课程原有瓶颈,开始全面实践课程体系、教学平台和培养机制改革成果。

2017 年,继续完善文物保护技术专业教学体系,专业教学改革总体方案在数字影像技术等 11 个专业全面推广。部分成果应用于文物保护技术中本贯通专业,并同步在南京莫愁中等专业学校开始实践应用。

2018 年,随着成果的实践效果日益显著,学校将经验与国内长三角、四川、云南、西藏等地,以及国外法国、澳大利亚等国家和地区进行分享,形成辐射效应。

2020 年,学校依托文物保护技术专业的教学改革成果,建设了国家文物局文博精品共享课程、上海市在线开放课程,并完成了上海市文物保护技术专业教学标准制定。

2021 年,学校文物保护技术专业入选上海市职业院校现代学徒制试点项目。通过现代学徒制培养模式,学校与文博单位成为文献相关专业人才培养的两大主体,通过制定完善现代学徒培养方案、建设校企互聘"双导师"制度下的"双师型"教学队伍、建立与现代学徒制相适应的管理制度,逐步形成了具有传统文化和传统技艺传承教育特色的现代学徒制人才培养模式,合力落实校企协同育人。

2022 年,学校文物保护技术专业校企合作建设专业的改革实践成果荣获上海市职业教育优秀教学成果特等奖、职业教育国家级教学成果二等奖。

聚焦如何培养既懂传统技艺又懂现代科学技术的技术技能型文物保护人才的问题,根据"行业引领、校企共建、优化结构、重构内涵、科技赋能、要素聚集"的总体改革方案,学校对专业进行整体设计,重点突破,以教学改革为基础,撬动起中职学校文物保护技术专业学生的跨学科核心素养培养和技能学习变革,推动他们从传统技能人才向拥有新技术、了解新材料、具备新素养的慧雅型现代技能人才转变。

一、以融"三新"实现课程体系创新

随着社会的发展与科技的进步,各行各业对从业人员的能力和素养要求越来越高,以传统技术传承为主的文物保护技术专业课程体系和内容已经不能满足新时代行业发展的需要。要实现现代技能人才培养目标,学校必须结合职业教育的特点深入思考和探究,通过全面深化校企合作,挖掘岗位需求、紧跟产业迭代,对课程体系进行再造、对课程内容进行更新,让课堂跟上时代,这样才能提升职业教育人才培养质量。

（一）聚焦岗位所需,打造"技科艺"融合课程体系

针对中职学校学生动手能力强但艺术修养弱的现实问题,学校结合当前文物修复行业当中新技术、新材料、新素养不断发展的情况,构建以文物保护传统技艺为核心的技术类课程、以增强艺术审美能力和人文素养为重点的艺术类课程以及以提升科学检测和分析能力为关键的材料科学类课程,实现了"技科艺"课程内容的融合,丰富了专业课程的内涵,同时拓展了课程的外延,解决了文物保护技术专业教学内容适应行业发展变化的新问题。

图 5-1　"技科艺"融合课程体系

图 5-1 所示就是专业为实现"技术·科学·艺术"有效融合而整合和梳理出的三大模块课程。具体来说,就是在原有的古籍修复、书画装裱等技术类传统课程中,增加了色彩构成内容,使学生能准确把握古籍纸张的调色和染色,增加纸张分析和检测的内容,使学生能精准选用古籍修复纸张等增强岗位技能所需的新技术。同时,在传统专业课程之外,增加了以文物材料基础、纸质文物保

护技术实验等为代表的科学类课程和以中国画线描、色彩基础等为代表的艺术类课程,分别对应专业在新材料与新素养方面的要求。

通过课程的优化和补充,学校文物保护技术专业的"技术＋科学＋艺术"融合课程体系形成。"技科艺"课程比例调整为 5∶2∶3,体现了以技术为主、以科学助力、用艺术添色的专业人才培养模式,达成了专业教学内容与行业新标准的及时对接和传统工艺与现代技术课程的有机融合,达到了知识结构和能力素养的动态平衡,使教学内容始终跟上现代古籍修复行业的需求。

此外,在上述课程安排的过程中,改革了原本专业课程技术和艺术课程简单叠加的方式,将课程以模块化、阶梯式递进的方式进行布局设置,让学生在校学习期间能够充分获得"技科艺"三个方面的融合浸润。

(二) 紧跟产业迭代,实现聚合式课程转型

课程框架搭建起来之后,就需要对课程教学内容进行细致梳理。应对新时代的课程,绝对不能是知识的简单叠加,现有的教材也未必能够满足课程的目标和专业的需求。因此,专业课程必须紧密结合实际的企业岗位要求和标准,实现课程教学过程与企业实践流程的聚合式转型。

文物保护技术专业以文物修复的真实工作过程为参照,重新安排专业教学的知识序列,对每一门课程的内容进行更新,对每一个知识体系进行重构,为中职学校文物保护技术专业的融合式课程赋予了新的内涵,进而推动以"标准引领、技术引领、创新引领"为目标的新时代技能人才培养改革,实现学校培养目标和行业人才目标同向,推动专业课程教学与产业岗位需求聚合,促进职业教育与产业发展需求同频,带动专业创新发展与行业企业发展共振。

为适应新技术、新材料、新素养的要求,学校通过职业教育课程迭代紧跟产业技术迭代,跳出已知序列的传统学科体系知识观的束缚。文物保护技术专业课程实现了从经验性手艺课程到"技科艺"融合课程的转型,也为相近专业课程体系建设提供了一条新思路。

二、以用"三真"实现教学方式创新

伴随课程转型而来的是教学方式的创新。在数字技术飞速发展的新时代，如何用学校的"智能＋"特征为文物保护技术专业的教学赋能，如何赋予文物保护这一传统技艺新的生命力，如何让专业教学平台满足学习技能的新要求，这些是学校的问题，也是需要借由校企合作共同解决的问题。

（一）结合真实项目，创设虚拟教学平台

在企业的支持下，学校为专业创建了虚拟教学平台，通过真实项目、真实数据、仿真实训的落实，解决了文物保护技术专业教学平台如何满足学习技能新要求的问题。学校从上海图书馆、上海朵云轩集团有限公司、上海图书有限公司获得了包括《陆庄陆氏世谱》《江阴大桥陈宗谱》《文堂陈氏宗谱》《陆氏宗谱》《上虞祈山陈氏宗谱》等在内的诸多真实的修复项目，并通过信息技术手段将其收录进信息化教学平台当中，供学生在课程内开展实训。

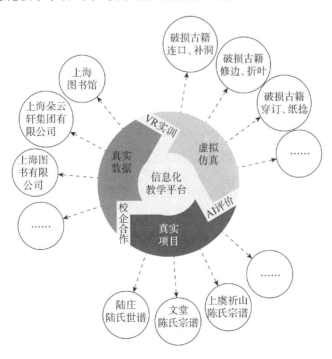

图 5-2　"学做评"整合式信息化教学平台

图 5-2 所示就是学校依托信息化手段创建的虚拟教学平台,该平台能够实现"学做评"三个教学主要环节的整合。具体来说,首先学校通过校企合作,收集汇总真实的企业生产项目,并将项目中的古籍文物图片、修复标准等以数据的方式导入平台,同步汇集到校企共建的教学资源库,并以此作为学生课堂教学以及实践操作的具体内容。同时,学校在信息化教学平台内建设了以连口、补洞、修边、折叶等覆盖古籍修复过程为核心的仿真实训模块,并利用 VR 虚拟现实技术,让学生戴上 VR 眼镜进行实训操作。在教学环节的最后,依据企业提供的具体修复标准,通过 AI 技术自动完成对学生练习作品的多维评价并即时反馈,让教师与学生在第一时间了解实训练习的结果,发现问题,寻找差距。

通过信息化教学平台进行实训操作,学生见识了不同历史时期和不同破损等级的古籍,初步掌握了破损古籍的各种修复手段和应对方法。当学生重回真实修复环境时,能够更加自如地运用技艺应对更为复杂的修复对象。

(二) 打造修复工场,探索创新教学路径

学校为创新教学路径,实现产教研融为一体,在校内打造了古籍修复工场,专门聘请行业大师、企业专家常驻校园。这是借鉴国外的学习工厂模式,依据文物保护技术的职业特点以及形成规律构建的"微工场"教学情境,通过真实的工作内容和工作场景将职业能力的培养融入日常的教学,以此提高学生的专业技能与职业能力。

在学校的古籍修复工场模式下,专业教师和学生有更多的机会向企业的专家请教,学生也可以沉浸式地投入各个项目的实训实践,学习到一线的宝贵技术经验,了解本专业最前沿的技术动态。古籍修复工场的教学模式同样也借鉴了现代学徒制的言传身教之法,增强了教学互动,提高了教学效率;特别是在实践教学方面,使学生能够有次序、有目的和比较系统地学习,即把基础内容和动态内容相结合、理论与实际相结合,实现了理论教学与实践教学的一体化,学生的理论水平和实际操作能力得到有效增强。

通过实施古籍修复工场,学生可以进行全方位的实际操作与技能训练,熟悉修复工艺流程,得到经验丰富的企业员工的指点,加深对书本知识的理解,锻炼实际操作能力,增进职业技能,培养职业精神。同时,由于古籍修复工场教学模式十分强调教学的和谐性与整体性,注重学生的多元与个性发展,强调学生之间的相互交流与协作,在这种灵活的教学形式及教学体制下,每一个学生都能够充分挖掘自己的个体优势,形成独特的思维和审美,同时在实践过程中接触、感受多种不同的艺术风格,提高自身对艺术认知的深度与广度,从而真正培养一批技术与艺术素养兼备的综合型文修专业人才,满足社会对文修人才的高标准要求。

此外,学校在古籍修复工场的运作中,逐渐加强了信息技术的融入,构建线上线下混合式教学模式,满足专业教学泛在性、整合性与实践性的需求,实现了依托信息技术赋能下的现代化古籍修复工场建设,为相近专业的实践教学探索出一条新路径。

三、以聚"三力"实现运行机制创新

在形成了课程体系以及内容,创新了教学方法之后,学校对如何通过稳定、有效、长期的校企协作,保障"三新"与课程的持续融合,保证"三真"与教学的持续推进进行了探索。我们从中职学校的实际出发,将"企业借力、大师用力、校友助力"作为实现全方位人才培养的支撑力,解决教学运行如何保障教学质量新高度的问题。

（一）拓展三方资源,创新合作载体

学校大力拓展企业资源,深化与上海图书馆、上海朵云轩集团有限公司、上海图书有限公司、上海博古斋拍卖有限公司、上海社会科学院等文博行业龙头企事业单位的合作。充分发挥文物保护行业优质企业的优势,将企业资源与学校资源充分整合,打造共建共享的文物保护行业未来人才"蓄水池"。

为实现这一目标,学校创新校企合作载体,构建了校企专业联盟,通过开展

现代学徒制项目合作、共建古籍修复工场等形式，形成了稳固的校企合作机制，实现了企业对人才培养的项目、人力、设备等资源的嵌入。截至目前，上海图书馆、上海朵云轩集团有限公司、上海图书有限公司等企业已经按照联盟约定，陆续将《黎氏三修族谱》《暨阳燕山冯氏宗谱》《天台西徐氏宗谱》《吴宁俞氏族谱》《甘氏族谱》《东海徐氏宗谱》《徐汇强氏族谱》等珍贵文物送入校园，并通过数字化的手段，指导学生参与破损文献的修复。

同时，学校不断加强专业技术引领，整合企业的大师资源，将行业大师引入校园，通过在校内建设上海市古籍修复张品芳技能大师工作室、上海市新材料应用王克华技能大师工作室等6个大师工作室，创新实践项目式技艺传授模式。通过项目带动、大师引领，既提升了教师的技能技艺，也拓宽了学生的专业视野，为师生提供了前沿技术的嵌入，为培育技术精湛、技艺高超的专业工匠搭建了平台。

此外，学校还深度挖掘自身资源。学校的图书信息管理专业已经有40年的历史，历届校友成了上海市图书行业、文化行业中的技术骨干甚至领军人物。学校通过追踪，牵手26位优秀校友，组建了博雅校友会，聚合校友力量，为专业建设发展和人才培养提供工学交替、顶岗实习、创新创业等多重路径的嵌入，为学生的实习实践打通了多重渠道。

学校通过聚企业之力、大师之力、校友之力，创新并完善了文物保护技术专业的全方位人才培养机制。

（二）推动三方协同，完善培养机制

通过搭建以学校为主体，企业、大师、校友三方共建、共享、共赢的联动平台，学校逐步形成了紧密、稳定的校企合作运行机制，组建了专兼结合的高水平师资队伍。通过现代学徒制的实施，打破了专业教师和学生专业技能提升的瓶颈，拓宽了人才培养途径。通过行业大师引领，专业师生接触到了最前沿的修复技术，并得到了专业指导，也在与企业大师的接触中，进一步培养了精益求精的工匠精神。同时，通过博雅校友会的支持，增设了专业实习实训基地，指明了学生未来发展方向。

依托项目入校、招才引智、朋辈教育,为职业学校的校企合作深度发展、创新发展提供了有效助力,也推动了慧雅型现代技能人才的培养。

图 5-3　全方位嵌合式人才培养机制

图 5-3 所示就是学校聚合企业借力、大师用力、校友助力的全方位嵌合式人才培养机制。由此,学校实现了校企共建未来人才"蓄水池"的设计蓝图,推动了从多点散发到有机聚合的合作迭代,为相近专业校企合作提供了一个新机制。

 案例

承师道文化　扬工匠精神

在一个风和日丽的日子里,上海市信息管理学校古朴的文修实训楼里迎来了一批尊贵的客人,那是来自上海图书馆、上海朵云轩集团有限公司、上海图书有限公司的学徒制负责人和带教导师。在这里,将举行一场文物保护技术专业现代学徒制拜师仪式。

现代学徒制人才培养模式,是深化产教融合、校企合作,推动职业教育改革创新的一种重要形式,充分发挥了技术骨干的传、帮、带作用。对于文物保护技术专业的学生来说,更是弘扬现代学徒制理念及传统师道文化、铸造工匠精神的最佳平台。

拜师仪式简约且郑重。2022级文保学徒班的杨君茹同学作为学徒代表朗读拜师帖，学徒代表们郑重地将拜师帖呈递给师父。随后，几位学徒代表向师父献上束脩六礼：芹菜为"勤奋好学、业精于勤"，莲子为"苦心教育"，红豆为"鸿运高照"，红枣为"早日学成"，桂圆为"功德圆满"，干瘦肉条以表达弟子心意。之后，学徒代表给师父敬茶、学徒们向师父鞠躬三次行拜师礼，以表对师父的尊敬与诚意。最后，在师父代表朱静老师宣读了回徒帖后，师父们给徒弟回礼：桂圆、芹菜和葱，喻示了师父祝愿徒弟能开窍生智、勤奋好学、聪明伶俐。

文物保护工作是一项结合传统技艺传承与现代科技辅助的专业工作，它不仅需要对传统文化的深刻理解和尊重，也需要对现代科学技术的融汇掌握与运用。相信在师父们的指引和教导下，文保专业的学生一定会对未来在企业学习专业知识充满期待，通过对岗位工作的学习和积累，以师父为榜样，不断提升和完善自我，成为一名合格的文物保护与修复工作者。

第二节 多重嵌入 助力适应

近年来，我国变化日新月异，各行各业都发生着翻天覆地的变化，各个岗位对人才的要求也日益提升。同时，职业学校自身也面临从单一就业导向转向多元生涯导向的变化，中职学生毕业后以升学为主的趋势日渐明显，给中职人才培养带来了多重影响。

在此背景下，职业学校人才培养同时面临着如下问题与挑战：一是"难适应"问题——各行各业升级速度加快，校企松散的合作方式难以适应；二是"难同步"问题——专业资源保障建设有所滞后，企业需求难以转化为具体教学；三是"难持续"问题——中职毕业学生直接就业的变少，企业参与协同育人的热情减退。针对这些问题，学校积极开展研究探索与改革实践，根据专业特点不断与时俱进，逐渐从松散、表面、单一的合作走向紧密、深层、全面的合作，全过程、全方位地保障了慧雅型人才的有效技能培养和职业发展可能。

作为学校主体专业的信息技术专业群，相比其他的专业，受到新技术的冲击更加明显。为培养现代技能人才，学校以培养新一代信息技术类专业人才为起点，根据产业与中职生特点，结合嵌入性理论，进行了三个阶段近十年的探索与实践。

2013年开始，学校利用建设上海市中等职业学校精品特色专业的契机，在校内进行校企协同育人改革立项研究，在信息技术类专业开展校企联合工作室试点，先后引入四家企业进驻校园。校企联合利用企业真实工作案例和工作流程开展师资培训，同时根据企业与学生双向选择，开放多个岗位教学模块，组织学生进行走班制工作室顶岗实训。

2015年，针对前一阶段校企联合工作室实施过程中产生的问题，校企双方进行深入研究，对各专业人才培养方案和课程标准进行了新一轮修订与梳理。双方组建校企联合教研组，共同开发上海市中等职业学校动漫游戏专业装备标准、编制校本教材、建设教学资源库等。同时,搭建中职与多所高职、多家企业的合作育人网络,推动校企合作深化与延伸。

2017年,在原有联合工作室的基础上,持续拓展校企合作范围,与完美世界、华为、幻唯数码等行业知名企业达成合作协议,扩大了校企合作育人网络。同时,引进了企业实际开发的项目作为教学载体,为学生创设了真实的生产实践环境,提供了实用的教学资源。校企合作开发上海市中高职贯通数字媒体应用技术专业教学标准、上海市中等职业学校计算机平面设计专业教学标准与装备标准、2门上海市在线开放课程,并新增1个中本贯通专业、2个中高贯通专业,促进成果的持续推广与优化。

2021年,基于新一代信息技术类专业人才培养的经验,学校结合文化艺术、旅游航空两大专业类的特色,将这一体系加以推广,以校内大师工作室和校外现代学徒制的形式应用该育人路径。2021年,依托中职优质培育校建设,再一次升级创新合作载体,与商汤科技携手打造信息产业学院,与十余家龙头企业合作推进专业建设、教学创新、师资培训、学生培育,拓展了校企合作的深度和广度,强化了人才培养改革的力度。

经过十年的探索,学校基于校企协作形成了"校企联合工作室＋三类标准"的协同育人机制,建设了围绕项目系列化课程的动态共享教学资源体系;搭建了指向不间断技能养成的多元立体持续合作网络,实现企业真实资源的组织嵌入、要素嵌入、关系嵌入,打造新型人才培养模式。

一、校企联合工作室,打造标准化运行的协同育人机制

校企合作并不难,难的是运行规范、合作长效。职业学校想要通过校企合作来进行人才的培养,就必须探讨并建立长效的校企合作协同育人机制。规范化的校企合作机制不仅可以实现学校自身的人才培养目标,也能够为企业定向培养岗位所需的技能人才,是双赢的。

(一) 共建标准,保障规范长效

一直以来,学校都坚持聘请企业的顾问、专家以及有丰富经验的一线专业

技术人员和管理人员参与到有关专业的人才培养目标、教学计划、课程设置的研究和制订中来。校企联合工作室的设立，使得这项工作趋于常态化。企业也定期会将所需人才的具体要求与学校进行交流，协助学校对课程、教材、教学方式等事项进行完善，同时技术人员进入学校后不仅是教师与师父的角色，还能向学生宣传企业文化、指导学生就业以及适时带领学生进行实训。

依托校企联合工作室，学生在学校中便能实际操作、练习今后可能推广到市场中的项目，实现理论与实践的完美结合，达到教师即师父、学习即生产、作品即产品，实现工作室与教室双位一体，达到真正的互利互赢、共同发展。

校企联合工作室，一方面为学生创设了真实的生产实践环境，另一方面也推进了教学研训一体化的职业教育创新实践进程。

在校企联合工作室运行的过程中，学校和企业不约而同地感觉到，需要设立一定的标准，并以此指导和规范教研、教学、实训全过程。由此，学校和信息技术类专业的四个主要的合作企业一起商讨，合作共建了教学类、管理类、企业项目实战类三类标准。其中，教学类标准旨在提升协同育人的规范性，落实从目标设定到过程监管再到结果评价的有据可依；管理类标准旨在提升工作室运行的科学性，实现常态化深入合作的有条不紊；企业项目实战类标准旨在提升共建教学载体的质量水平，确保企业项目的货真价实。

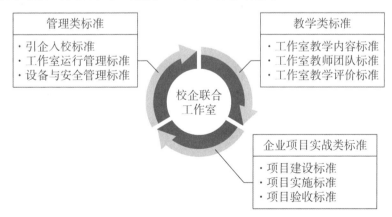

图 5-4　校企联合工作室标准化建设

图5-4所示就是三类标准的具体内容。三大类标准的建成为校企联合工作室的持续运作提供了坚实的保障,校企联合工作室与教室的双位一体使学生在学校便能实际参与并学习到行业中最新的项目与技术,这一过程使得理论与实践完美结合,同时也促进了学校与企业的共同发展。

在此基础上,学校积极寻求更加多元、高质量的合作企业,不断拓展与行业领军企业的深度合作,打造校外工作室,通过组织嵌入形成标准引领、点面结合的协同育人机制。

(二)三重嵌入,创新实践机制

校企联合工作设立在校园内,但其管理要求与方式、生产项目和设备都基本参照企业真实的情况,并会根据学校的要求和实际进行优化调整。因此,通过建设校企联合工作室,学校等于在校内建了一个教学工厂,更加有利于及时转化更新专业资源、搭建多元合作网络,将企业组织嵌入学校组织,将企业需求嵌入具体教学,将学校育人嵌入多所院校与多家企业的关系网络,形成组织嵌入、要素嵌入与关系嵌入。

由此,学校可以利用企业丰富的实践性人才资源,邀请或聘请他们进校为教师和学生授课,学校也可以安排教师在校企联合工作室内参与管理,深入了解企业一线工作的实践,弥补在校教师实践性指导能力不强的缺陷,丰富和提高专业教师的实践能力和技能指导经验,保障教师职业能力和素质的提高,同时校企两方面的师资均能有效保障实践教学的质量。

在完成工作室项目时,学生需要通过市场调研、组织素材、与企业交流等方式直接参与生产实践活动,使所学知识和技能能够面对企业和市场,积累宝贵的工作经验。这就使学生在校期间更加明确学习目的,提升了专业能力。

三重嵌入创新了校企合作实践机制,促进了校企合作的深化、落实与延伸,创新打造嵌入式校企合作形式。

二、项目系列化课程,共建"动态·共享"的教学资源体系

为促使人才培养能够紧跟产业的飞速变化,校企双方同心协力,指派专业

教师以及有经验的一线专业技术人员、管理人员,聘请课程专家、行业企业专家共同参与研究和制定人才培养方案,对标各专业行业产业的最新发展动态,提升学校的人才培养标准。

（一）依托项目,合作开发课程

项目教学法是基于建构主义学习理论,源于德国双元制职业教育模式产生的新型教学法,是指师生通过共同实施一个个完整的项目而进行的教学活动,其指导思想是将一个相对独立的项目任务交给学生完成,让学生在实施项目的过程中把握每一个环节的基本要求和重难点,在教师有针对性的指导下,通过自我探究的过程来完成。这对职业教育有着较强的实际意义。

当我们把一个具体的实训项目摆在学生面前,而这个项目是来自企业真实的案例,并且身边又有来自企业的老师随时可以请教,这对激发学生学习和实践的兴趣,调动他们的积极性和创造力,有着很大的意义。当我们把这些具体的项目按照学习规律有机地整合在一起,构成了一门课,那这门课对学生的激励意义就更大了。

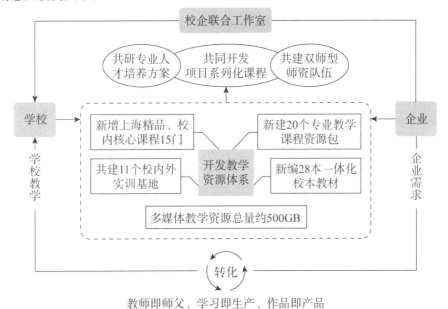

图 5-5 校企共建课程与资源

项目化课程的实施，不仅能够有效地提高学生的专业操作实践技能，还能够培养学生的自学、观察、动手、研究和分析、协作和互助、交际和交流等综合素养。基于校企联合工作室，校企共同开发的项目化课程，提供了培养综合职业能力的机会，实现了与职业岗位的无缝对接，是培养高技能人才新的途径与方法。

图 5-5 所示就是基于校企联合工作室打造课程以及相关资源的建设路径。可以看到，校企联合工作室以系列化的项目课程为依托，不断更新合作理念，高度重视师资队伍的建设，合力促进学校教师和企业人员实现互通共享，构建高水平的"双师型"师资队伍。在此基础上，以企业产品生产实例为依托，研发项目系列化课程。截至 2022 年，校企共同开发核心课程 14 门、市级在线开放课程 5 门，修订专业课程标准 26 个，合作完成产业项目 36 个，推进了"能力培育＋产品生产"的同步化。此外，校企合作组建了教学资源库开发组委会，协力开发动态共享的教学资源体系，在校企双方的共同努力之下，新编一体化校本教材 28 本，新建专业教学课程资源包 20 个，多媒体教学资源总量约 500GB，共建校内外实训基地 11 个，有效落实了从企业需求到教学要素的转化嵌入。

（二）标准引领，合作开发课程

校企联合工作室的教学采用的是项目式教学模式，以企业引进项目为主要内容，其特点在于针对性强、实践性强、教学互动性强，而且项目涉及的专业面较广，突破了单一课程的内容。它可以是学科内容的扩展、延伸和深化，利于扩展学生的视野，有较强的综合性，不同课程和不同学科互相交叉、互相渗透，锻炼了学生的专业知识综合运用能力。

学校以标准开发为引领，以课程建设、资源更新等为核心，引入企业正在进行的项目，形成校内工作室标准化建设蓝本，使日新月异的信息技术与日渐复合的岗位标准在人才培养中实时更新，将企业需求同步转化为具体教学要素，有效提升了校企协同育人的规范性、科学性与有效性，为中职快速革新专业如何与时俱进提供了方法借鉴。"标准引领＋课程建设＋资源更新"保障了专业人才培养的适应性与高质量。

三、不间断技能养成，探索"多元·立体"的持续合作网络

慧雅型现代技能人才的培养，既关注精湛专业技能的获得与持续精进，也关注与未来发展相关的综合素养的养成，是对支持学生可持续发展的回应，也是上海市信息管理学校人才培养的核心。基于持续培养的思路，学校探索着借由行业龙头企业，打通中职学校与高职甚至应用本科院校合作培养的路径。

（一）以点带面，探索持续培养核心

学校与有贯通培养合作基础的高校进行深入沟通，将双方合作良好的企业一起纳入人才培养项目，打通了"中职＋企业＋高校"（简称"校企院"）多元协同培养通道。这样的方式，一方面促使多元主体之间的资源共享，有力地保障了专业人才的全方位高质量培养，另一方面增加了企业对人才的吸引力，为高素质人才输送至合作企业提供了可能性。

同时，学校在深化校企联合工作室，打造"校企院"教育联合体的过程中，高效利用校企共建实训基地与企业专家指导，充分利用学生参与技能大赛的契机，建立了以点带面的培养培训制度，将技能竞赛的题目、评分标准、专家要求、场地规定等转化为专业课程教学内容、考核指标、教师培育、基地建设目标等，促使信息技术类专业人才培养与市场需求相适应。同时，通过鼓励学生参与各类技能大赛，激发学生技能学习的积极性，加强学生的实践操作能力。

多元贯通的人才培养方式促使关系嵌入实现，形成了立体整合式的可持续合作网络，在满足学生多元发展诉求的同时坚持最终就业导向，并使学校成为企业人才储备库，有效激发企业育人热情，实现多方共赢。

（二）"校企院"合作，拓宽多元发展路径

多元化是校企合作的必然趋势。随着技能型人才需求的标准逐渐提升，企业与职业院校的合作紧密度也在不断提高，校企合作朝多元化的方向迈进，合作方式也由单方面逐渐向全方位过渡。新形势下的校企合作模式已经涉及职

业学校技能人才培养的各个方面与各个环节。在此基础上,再加入高职院校的助力,对中职学校来讲意义重大。多元主体、多元路径下的校企合作将成就共育技能人才的新高度。

学校秉持"升学是为了更好就业"的理念,遵循"能顺利毕业,就业优势大,升学通道畅,创业本领强,终身发展好"的培养原则,搭建了中职学校与高职院校、行业企业的合作育人网络,通过多元合作推动课程建设、资源创设、实训深化、实践拓展、竞赛支撑等路径,不断完善和优化人才培养方式,为学生的未来发展奠基。贯通专业学生在专业课堂内就能在未来就读的高校的教师的指导下,参与校企联合工作室项目的研究,中职阶段的教师和高校阶段的教师在学生整个贯通学习期间,一直能够在身边陪伴和教导;中职专业学生在进入学校学习之后,就能够清楚地了解自己未来可以去哪里工作、具体可以做些什么,以及自己未来还可以选择去哪个高校读书,那个高校是怎么样的,等等。通过多元合作,学校为学生呈现了更为清晰的发展道路,也让学生的学习更具有目的性。

值得一提的是,学校依托校内的国赛、世赛基地,形成了中职(上海市信息管理学校)—企业(公安三所)—高校(上海电机学院)三方联合的竞赛支持体系,共同培养出了多名世赛选手。

经过多年的探索与实践,学校应对挑战快速革新、坚持技能培养、导向未来就业、保持职教特色,形成了独具特色的育人路径,为学生发展铺平了道路。

案例

5G 校园行

说到 5G 网络技术,相信很多人第一时间就会想到我们的民族品牌、科技之光——华为技术有限公司。5G 技术已经成为我们中国人的骄傲。作为新一代青年学子,尤其是信息技术专业领域的职校学生,又怎会不迫切地想要与 5G 亲密接触呢?

为了达成同学们的愿望,学校将华为技术有限公司的网络高级工程师和技术专员请进校园,将 5G 初级认证课程引入课堂,让学生实现了与最新科技、最牛企业的零距离碰撞。

2021 级计算机网络技术专业的同学们作为先锋,首次试水 5G 课。面对自己渴求的知识,同学们都表现出了最大的热忱。初次接触 5G 知识,大家都感到十分陌生,面对生疏的专业知识,网络技术专业的学生不惧困难,勇于挑战。不仅在课上认真倾听企业教师的授课,观摩操作,课后更是以学习小组的形式集体研讨,完善 5G 学习笔记,努力做到温故而知新。同时,学有余力的同学也会发挥自己学霸的作用,在班级群中整理上传学习资料供大家一起冲击此次 5G 学习大关,只为每一位同学都能有个不留遗憾的结果。

最终,2021 级计算机网络技术专业的同学们不仅顺利通过了课程的结业考试,并全部获得了华为 5G 认证资格,其中成绩最好的同学获得了 985 分的高分。

第三节　交互实践　共育共训

基于学校旅游相关专业的实际需求,学校针对旅游类专业的技能特点,自2011年起,就开始探索学徒式技能学习和提升方式,通过企业技师和行业大师的师徒带教,学校逐渐扩大了合作企业的规模与层次,与上海市东湖(集团)有限公司开展深入且全面的合作,经过不断努力,逐步形成了合作广泛、配合紧密、领域深入的校企合作标杆。

同时,学校在传统的学徒模式基础上不断尝试创新,在教学内容、师资力量、培养方式、成才的路径等多方面深入探索,形成了一套较为成熟的合作模式,力求达成产教融合、校企合作的崭新模式,并且在校企合作过程中紧紧围绕"雅为善学的慧雅学生"这一育人目标和人才画像,注重合作模式的可复制、可推广,为今后在其他专业群落实产教融合、校企合作的实践奠定了坚实的基础。

一、以现代学徒制为切入点,形成双元育人新模式

现代学徒制是通过学校、企业深度合作,教师、师父联合传授,主要对学生进行技能培养的现代人才培养模式,它更加注重技能的传承,由校企共同主导人才培养,设立规范化的企业课程标准、考核方案等,体现了校企合作的深度融合。现代学徒制有利于促进行业、企业参与职业教育人才培养全过程,实现专业设置与产业需求对接、课程内容与职业标准对接、教学过程与生产过程对接,可以提高人才培养的质量和针对性。

现代学徒制的概念是教育部在2014年提出的,在此之前,学校已经在中餐烹饪专业中开始了企业师徒带教的教学探索,并且取得了一定的成效。在此基础上,学校依托东湖集团的优质资源,成功开展了两轮旅游类专业现代学徒制试点工作,进一步深化了合作内涵,并形成了具有信息管理学校特色的学徒制模式。

图 5-6　现代学徒制拜师仪式

首先，通过与企业的紧密沟通，用好校企联席会议制度，做好方案。其次，以校企联合面试的形式，选拔潜力大、专业强、素质高的学生进入学徒制项目。在实施过程中以"大师进校园"系列讲座、现场拜师与企业实践、深入岗位实习等形式将现代学徒制培养贯穿中职学制的全部三年。

学校与企业在三年内可以一以贯之地系统培养市场所需的人才，学生可以学到更加实用、丰富、先进的技能，获得更为优质的就业岗位，形成了教学、实训、实习、就业全覆盖的一体化双元育人新模式。

（一）以项目一体化培养为依托，激发工学交替效能

通过现代学徒制项目的一体化培养，学校和企业双向发力，共同对学生技能学习的过程、技能掌握的程度、技能实践的效果进行把控，有效提高了中职学生参加岗位实习的积极性，并提供了极为优质的实习岗位，为学生实现工学交替提供了极佳的平台。

工学交替指的是职业学校当中年满 16 周岁的学生，先到企业实习一个学期，然后再回学校上一个学期课程的职业教育模式。它的主体包括学生、企业、学校，是以职业为导向，充分利用学校内外不同的教育环境和资源，把以课堂教学为主的学校教育和直接获取实际经验的校外工作有机结合的培养方式。

在这个过程中,学生在校内以受教育者的身份,根据专业教学的要求参与各种以理论知识为主要内容的学习活动,在校外根据市场的需求以职业人的身份参加与所学专业相关联的实际工作。工学交替可以提高学生的综合素养和就业竞争能力,同时提高学校教育对社会需求的适应能力。

学校将旅游类专业学生的工学交替安排在了有着现代学徒制合作基础的企业当中。西郊宾馆、马勒别墅、上海大厦、衡山花园酒店、华夏宾馆五家上海市东湖(集团)有限公司旗下的高端酒店和国宾馆成为旅游类专业学生工学交替的所在地。为了更好地实现工学交替的育人功能,基于现代学徒制的合作基础,在安排上进一步强调校企协同、优质均衡,在管理上进一步强调共育共管、严格管理,在实训上进一步强调实践操作、因材施教。组织了校企协同、共同管理、集中有效的工学交替新形式,实现了旅游类专业学生工学交替的有效与创新。

（二）以新时代课程思政为要求,拓展校企育人特色

当前,职业教育对课程思政建设提出了要求。开展课程思政的目的是挖掘不同课程的思想政治教育元素,运用特定教学设计将思政教育融入基础课程、专业课程及实践课程,形成全方位思政教育的课程体系。现代学徒制作为职业教育的创新育人模式,也需要思考并探索思政教育的方式和途径。

现代学徒制因授课主体、教学对象、育人环境等的变化,对课程思政的实施提出了更高要求,要落实课程思政贯穿现代学徒制人才培养全过程的目标,就要求校内教师、企业教师、指导师父"三主体"深入挖掘课程中的思想政治教育元素,把价值引领融入每门课程的教学细节,全面渗透到教育教学的全过程,实现职业技能和德育培养高度融合。

学校坚持思考如何在现代学徒制育人过程中融合课程思政进而丰富课程思想和"文化+"的内涵。与东湖集团的深入合作为解决这一问题提供了契机。

在现代学徒当中,主要通过加强顶层设计、强化工作目标引导、推进模式改革、将学生的文化素养和道德情怀等内容纳入考核等方式,促进课程思政教

育目标的达成。学校将劳动精神、工匠精神、团结协作、社会主义核心价值观等隐性内容与专业课程显性内容相结合，帮助学生树立坚定且正确的理想信念、价值理念和道德观念。在此过程中，企业师傅通过言传身教，使学生的德育显化于实践操作中；教师通过课堂授课，使学生的德育隐藏于理论教学中，把知识、技能传授与价值观的引领有机统一起来。

在新时代课程思政工作的要求下，学校的烹饪专业负责教师——"上海工匠"陈珺老师与东湖集团多名烹饪大师、"上海工匠"共同合作，完成了7门"指尖上的美食系列"校企合作课程。这些课程不仅用于学校学生的知识与技能学习，更通过市级在线课程以及其他平台为更多人所知所用。校企合作课程在内容上通过对企业的深入调研，体现了与时俱进的行业要求；在形式上通过新媒体手段的使用，体现了专、精、新的特点；在立意上通过对文化的深入挖掘，体现了工匠精神。开展劳动教育，丰富了专业课程弘扬劳动精神和工匠精神的思想内涵，拓展了专业技能课课程思政的新特色，这成为提升学生文化自信和匠心精神的有效载体。

二、以时代发展为导向，探索产教融合新课题

当下，行业和市场的需求随着时代的发展而不断变化演进，而新时代职业教育的发展同样迎来了新的春天。随着国家关于职业教育改革文件的发布，也标志着深化产教融合改革正由破冰期迈入深水期，成为引领新时代教育、人才、产业、经济变革的战略方向。产教融合，不仅仅限于一所学校与一家企业在某一个方面的合作，而是基于某一产业的多家校企全方位、多层次的合作，最终形成优势互补、协同创新、共同发展的生态系统。这是对校企合作的发展与提升，也是上海市信息管理学校一直在努力的目标。

作为一所具有一定代表性的区属职业学校，上海市信息管理学校在办学的过程中坚持实践出真知的理念，从不同角度，以不同方式开展校企合作。基于学校三大专业群的实际特点，为了凸显针对性，专业群分别与各个行业的头部企业寻求合作，借力后者的技术经验、实践平台，为学生提供精准的指导和多元的视野。

信息技术专业群与华为技术有限公司、商汤科技、深兰科技等企业联合打

造信息产业学院,文化艺术专业群与世纪出版集团携手建设古籍修复工场,旅游航空专业群与东湖集团合作建设共育培训基地,将行业发展现状、生产标准等带到课堂,近距离与学生沟通交流,答疑解惑,帮助学生紧跟行业发展步伐,增长行业见识,提高应用技能。

结合办学实际,以培养慧雅型现代技能人才为目标,学校通过将岗课赛证融入专业,推动产业支持下的师资培养等途径,继续探索着属于上海市信息管理学校的产教融合之路。

(一) 岗课赛证的融合发展

岗课赛证指的是职业学校结合专业对应岗位设置课程。"岗"是工作岗位、"课"是课程体系、"赛"是职业技能大赛、"证"是职业技能等级证书,其中课程体系是融通的核心与载体,是专业核心课程的设置。将职业资格证书考试课程与专业课程教学相衔接,做到课程与考证相结合、课程与职业资格证书相融合,同时以赛促教,以赛促学,提升学生的动手能力与以后到工作岗位的实战能力。

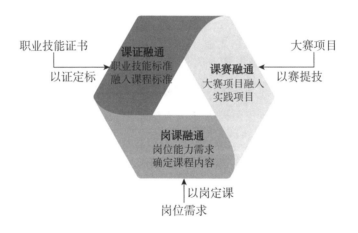

图 5-7 岗课赛证课程体系

学校已经实现了将企业真实需求、行业发展趋势、竞赛项目标准、技能等级评价融入课程建设,并对人才培养规格的制定、专业课程的设置产生了重要的影响。在学校专业课程建设过程中,教师与师父的协作交互已经成为常态。持续推进岗课赛证对推进并实现产教真正融合有着积极的意义。

在这个过程中，学校形成了专业课堂引入、实训实践深入、企业产品加入、竞赛项目融入的多样化人才培养模式。学校与企业合作开发教材、开设课程、开展教学，使得学校的专业课堂既紧跟行业发展趋势、剖析市场需求，又遵循学生成长规律、尊重职业教育特点，着力拓宽学校职业教育边界，融通行业、企业与学校教育，提高学生职业竞争力，实现学生智能理念与素养的整体提升。

（二）师资培训的深度协作

经过学校与企业方面密切沟通，从企业日常运营和学校日常教学双起点出发，制定了"双主体"的师资培训方案，成就了学校注重既符合学校教学要求又符合市场需求导向双向融合的专业建设新课题。

在以现代学徒制为代表的校企合作探索过程中，学校清晰地认识到，所有的校企合作都必须将专业发展和产业需求充分融合，与新时代职业教育发展和改革的要求充分融合。要实现融合，可以从以下几个方面入手。

一是顶层设计要牢，要在合作的起步阶段做好顶层设计，利用校企领导的定期协商、职能部门的紧密对接，尤其是利用校企合作联席会议制度，充分了解双方需求，从协议签订之初就发挥好引领带动作用。

二是以点带面要实，以一项重点工作为切入点，深入推进做精做实，带动各方面合作项目联动推进，通过一段时间的合作，逐步将合作推向均衡并进。

三是校企协同要紧，以"双元育人"为要求，学校、企业双主体开展合作，紧密协同，既要符合学校教育教学、专业建设的需要，又要符合企业发展和行业演进的需求。

四是合作内容要活，要把各专业、各行业、各学校的特点和特色作为合作方案的一个重要部分，充分考虑不同条件下的校企合作，为调整和变化留有余地。

由此，校企合作育人才能真正落到实处，让学生与学校真正获益。

 案例

站到高处去

麦德龙商业集团餐饮总监、麦德龙餐饮学院总经理陈海亮与上海市旅游专科学校附属旅游职业学校(上海市信息管理学校的前身之一)结缘的这一年,被他视作自己筑梦人生的起点。

在信息管理学校读书的三年,他从对烹饪一无所知、从没下过厨房,开始逐渐熟悉烹饪的知识,掌握餐饮的门道。毕业后,他坚定不移地选择餐饮行业,刻苦钻研、大胆创新,不断提升专业水平。凭借着在中西餐制作、研发、厨房管理以及团队管理等方面积累的丰富经验,他在多家五星级酒店的西餐厅担任行政总厨,并收获行业内奖项无数。

在陈海亮看来,现如今的他得以不断解锁着新的身份和荣誉,不仅与学校"以德修身,以技立业"的理念密不可分,更与在求学三年里时常能够有机会进入企业获得真实的实践有关。

他说,职业学校的学习经历让他打破了"两耳不闻窗外事,一心只读圣贤书"的固有学习观念,学校定期组织学生前往上海市各大宾馆、餐厅进行长周期的见习、实习和实践的过程,让他逐渐对自己的专业、未来的行业产生了热爱,也激发了他持续学习的动力。

离开学校之后,他依然秉持学校"学习是一生的功课"这一观念,不仅在自己的工作岗位上发挥出色,成为企业的负责人,更以自己所在的企业作为支点,与学校一起参与到培养西餐技术人才的大事业当中。

2018年,他依托上海市人力资源和社会保障局与行业协会,成立上海市首席技师工作室;2021年,他担任中国烹饪协会国际美食委员会副主席,同时成立了上海市技能大师工作室。此外,他还被聘为第45届世界技能大赛烹饪(西餐)项目专家组成员兼技术指导教练组成员、第46届世界技能大赛西餐项目国家专家等。他培养并带领的选手在国际赛事中大放异彩,书写了中国西餐项目在世界舞台上的新篇章。

谈及未来的规划,他充满希望:"未来我会继续为推进国家餐饮业技能人才的培养做出自己的贡献,以世界技能大赛为窗口,为我国选手营造与世界接轨的平台;以技能人才培训为契机,以点带面、推动教育改革;以母校的教育为基础,为中国西餐市场推陈出新贡献力量。"

第 六 章

双师培育：
慧雅型现代技能人才培养的支撑

【导语】

人才培养需要导师引领。培养慧雅型现代技能人才,核心在于建设一支"慧"教学、"雅"德行的高品质师资队伍。

本章综述打造慧雅教师队伍的理念和实务,围绕"为了一切学生的可持续职业发展"的办学理念,聚焦教师的"智能＋""文化＋"素质培养,高标准建设德技双馨的"双师型"教师队伍,使他们在优秀传统文化的滋养中成长,在智能学习的过程中提升。仰千古经典之精神,俯智能技术之创新,成德高之师,悟善教之髓。

慧雅教师的价值,只有在学生找到人生出彩的用武之地、在他们能够发挥个人才能站在领奖台上、在祖国需要的地方攻坚克难、在为母校增添荣誉的时刻、在默默无闻的岗位上发热发光时,才能得到最朴实的体现。

第一节　育德高之师

教师的质量,决定着人才培养的规格。而教师的德性,影响着学生的品性。

学校着眼长远,采用多种渠道育德高之师,立足学校文化,将雅德行融入教师的综合素质发展中,渗透到教师培训、教学和专业建设的各个环节;用党建领航,推进学校师德师风建设;聚焦课程思政,强化育德意识,提升教师专业之雅;评选年度最"美",彰显气质之雅。

学校着力夯实全体教师的人文之基,使其具有持续发展的不竭动力,将"慧雅"的基本理念落实到教师教育教学和专业发展的全过程,朝着培育德高之师不断前行。

一、"雅"德行,导引慧雅教师

2018 年,中共中央、国务院印发《关于全面深化新时代教师队伍建设改革的意见》(以下简称《意见》),对新时代教师队伍建设做出顶层设计,强调"全面加强师德师风建设",提出突出师德:"把提高教师思想政治素质和职业道德水平摆在首要位置,把社会主义核心价值观贯穿教书育人全过程,突出全员全方位全过程师德养成,推动教师成为先进思想文化的传播者、党执政的坚定支持者、学生健康成长的指导者。"《意见》为学校教师的师德师风建设指明了方向。

学校将教师队伍建设作为重点,从源头上确保师德师风的基础。引导教师要自觉遵守师德规范,遵守学校的教育教学规范和各项要求,以身作则,潜移默化地引导学生养成良好的行为习惯。同时,加强教师的师德养成,注重对学生行为习惯的个别化指导。学校建立了师德规范文件和督查制度,由党总支领导,监督和检查教师师德的各个方面,提升了学校师德师风的水平和管理效果。

（一）雅德行立足学校文化

师德师风建设,与学校需要的"厚德精技并重"的要求相一致,体现在积极落实教师立德树人的根本任务上，体现在教师综合素质、专业化水平和创新能力要大幅提升上，体现在主动适应信息化、人工智能等新技术变革，积极有效开展教育教学上。

因此，要培养慧雅学生，教师须成为慧雅教师，要求学生具备文化素养和科学精神，教师须是综合素质良好且勇于探究、敢于创新的人。最为重要的是，要求学生成为践行社会主义核心价值观的时代新人，教师应该首先成为学生的榜样，言传身教，与时代同呼吸，与人民共命运，把教师职业同党和人民的事业紧密联系，全身心地投入培养时代学子，把自己的一生献给崇高的职业教育事业。这才是学校需要的慧雅教师，学生欢迎的慧雅教师，社会赞赏的慧雅教师。

（二）雅德行根植于教师的综合素质

教师的综合素质主要包括师德素养、政治素质以及文化涵养。

在师德素养方面，学校健全师德建设长效机制，推动师德建设常态化、长效化，创新师德教育，完善师德规范，引导广大教师以德立身、以德为行、以德施教、以德育心，坚持教书与育人相统一、言传与身教相统一、潜心问道与关注社会相统一、学术自由与学术规范相统一，争做"四有"好教师，全心全意做学生锤炼品格、学习知识、创新思维、奉献祖国的引路人。

在政治素质方面，学校依托党建引领，加强理想信念教育，创新教师思想政治工作方式方法，以课程思政为载体，强化教师实践参与，推动教师充分了解党情、国情、社情、民情，引导教师树立正确的历史观、民族观、国家观、文化观，坚定中国特色社会主义道路自信、理论自信、制度自信、文化自信，提升政治觉悟。同时，学校着眼青年教师群体特点，有针对性地加强思想政治教育，在思想上主动引导，在工作上创造条件，使思政意识入脑入心。

在文化涵养方面，学校基于人文建设工作、民族文化传承工作以及其他文化相关建设与实践项目，加强中华优秀传统文化和红色文化、社会主义先进文化教育，让教师在参与建设和实践的过程中，体会人文、感受并弘扬民族精神，进而让教师夯实文化底蕴、提升文化修养。

二、"立"信仰，筑牢师德之雅

教师不但是知识的传播者，也是学生人格的塑造者。亲其师，信其道。在学生面前，教师理应是一本活的教科书。教师在向学生授课时，首先要帮助学生树立正确的思想观念及信仰，并且结合教学内容对学生进行思想道德教育。职业学校教师要认同职校教师的专业性和独特性，以学生发展为本，树立人人皆可成才的职业教育观，关爱学生、尊重学生、信任学生，发挥学生特长，挖掘学生潜质，为每一个学生提供适合的教育，正确引导学生走在时代的道路上，做学生职业生涯发展的指导者和健康成长的引路人。

（一）党建引领，明师德要义

学校在师德师风建设工作中高度重视党建引领，推进党建工作与师德师风建设深度融合，既把党建抓实，又把师德师风建设抓牢，动员党员积极作为，先锋先行，发挥模范带头作用，推动了学校师德师风建设的稳步发展。着力打造一支师德高尚、师风优良、素质过硬的师资队伍，努力形成党风建设与师德师风建设齐抓共管的共赢态势。

在建党 100 周年之际，学校党总支积极策划，开展"不忘初心　筑梦前行"——庆祝建党 100 周年教师思想政治教育系列活动，加深教职工对党的伟大成就和伟大事业的认识。同时，由学校党总支牵头，在全体教职工当中开展"做新时代的'大先生'"主题大讨论，开展"我心目中的'大先生'"人物故事宣讲，依托新时代"大先生"的为学、为德和为人，鼓励全体教师努力争做新时代的"大先生"。

在"大先生"讨论中，学校第一党支部认为："大先生"要有大技艺。教师作为教育教学活动的具体实施者，随着课程改革的深入开展，社会对教师已经产生了"从量变到质变"的期望，培养有家国情怀、创新意识的接班人更是国家和社会的要求。因此，我们要想做"大先生"，在做到有教无类的同时，还必须培养自身的工匠精神。

教师应该是一本深刻、厚重的大书。如何才能让学生读出这本"大书"的大气、才气和灵气,怎样才能让学生读得"爱不释手",这就需要教师勤奋学习,与时俱进,不断充实、完善这本"大书"的内容。"大先生"不仅着眼于学生的今天,更瞩目于学生的未来——要擅长点亮学生的梦想之光,照亮学生脚下的路,为学生走向未来蓄积强大的青春力量和知行素养。

第五党支部如是说:"大先生"是个大写的人。"大先生"有对祖国的无限忠诚,大德大爱大情怀;有对事业的执着,深邃而朴实,淡泊名利而学术纯粹;有对他人的宽容,谦逊而真实,自尊而无傲气;有对生活的热爱,淡定而有追求,素朴而高雅;……

新时代的"大先生"要有责任担当,要静心执着。做新时代的"大先生"要脚踏实地,行动中有思考,方能收获幸福。

(二)理论先行,强师德水平

青年教师是学校最丰富、最有潜力、最具生命力的教育资源,更是学校的宝贵财富,所以学校格外重视青年教师的成长。为了进一步提高青年教师的创新意识、团队合作意识以及面对新事物的应变能力和适应能力,增强他们对学校新一轮发展的责任感和使命感,培养青年教师的职业理想信念,磨炼意志,增强体魄,展示青年人的精神面貌,形成学校干部队伍的梯度建设,学校从 2004 年开始举办青年教师政治轮训班,成为学校促进青年教师成长的重要阶梯。近二十年来,一批批优秀的青年教工,通过青训班的培养,逐步成长为高层次、高素质、富有创新精神和发展后劲的骨干力量,成为推进学校发展的中流砥柱。每一期的青训班都秉承传统又富于变化,既有系统的培训,也有形式多样的主题活动,让青年人在活动中交流思想,得到历练,获得成长。

在学校举办的主题为"在学习中汲取,在历练中成长"的第七期青年教职工政治轮训班上,来自各校区的 15 位青年教职工学员参加本轮培训。校党总支为学员们精心准备了六个单元为期半年多的各类课程和活动。校领导在开班仪式上介绍了本次青训班的课程安排和宗旨,表达了对学员的殷切期望——希望学员们能不断提升自我，坚定职业理想，在学校工作中要勇挑重担，同时也要有理想、有信念、懂感恩；并将一本本精心挑选的图书赠予学员，希望学员们能够静下心来，读一点书，写一点字，思考一些问题。老校长陆震谷则以"在劳动中获取快乐，在工作中实现价值"为主题进行第一课的讲授，深入浅出，用自身的工作经历和人生体验让学员们加深理解如何在劳动中得到快乐，收获成功，实现价值。

三、"增"底蕴，培植情趣之雅

真正具备人文素质的教师，才能以促进学生的身心和谐发展为目标，尊重学生、信任学生、爱护学生，与学生进行平等互动，进而引导、激发学生的自觉意识、自尊意识，使其主动地寻求自我发展和进步的目标，不断完善自己，进而促进学生的可持续发展。

多年来，学校依据"文化＋"特色以及培育慧雅教师的目标导向，持续实施教师人文素养工程，扬起文化涵育之帆，不断提升教师的人文底蕴。使教师不仅成为传授科学知识的"经师"，更是塑造学生完美人格和高尚品德的"人师"。

（一）走进传统，树立新时代的人文观

作为一名新时代合格的职业学校教师，首先应该树立民族文化自信，提升自身传统文化素养。当今社会是一个多元文化交锋的时代，在这样的文化氛围下，汲取中华优秀传统文化中的元素，回归本源、清心雅正，对教师而言价值巨大。

学校将提升教师的传统文化底蕴作为重要工作之一，先后开展了丰富多彩的教师素养课程学习和文化活动。非遗研习、古籍赏鉴、礼仪文化、中医养生、蛇雀太极、历史寻踪等围绕中华悠久历史文化展开的素养课程，让教师增长了见识，修炼了涵养。尤其值得一提的是，学校依托自身专业资源，结合中华民族端午节、中秋节等传统节日，开展了"教职工中华传统文化教育之制作"活动。

通过元宵、青团、粽子、月饼等中华传统点心的制作，让教师了解传统节日的文化内涵，将传统文化教育结合到手工制作技艺的传授之中，体会蕴含在传统技艺中的匠心匠艺，在提升广大教职工的内涵素养、弘扬中华优秀传统文化的同时，形成的匠心促使教师在日常教学工作中更好地承担敬业、善教、爱生、善导的责任。

（二）走近高雅，提高教师艺术审美能力

学校根据职业教育的特点以及教师发展的需求，有计划地进行审美情趣的引导，开展了中国茶道、咖啡 DIY、西点烘焙、飞花点翠、多肉园艺、瑜伽形体、旅游摄影等体验活动。同时，组织教师前往大剧院、文化中心、博物馆、音乐厅、美术馆等场所赏析各类艺术精品。

系列化的艺术欣赏活动激发了教师了解高雅艺术的兴趣，许多教师自己购买了相关艺术欣赏素材资料，利用业余时间深入研究，从而拓展自身的认知领域，提高了对各种艺术作品的感悟赏鉴能力，提高了生活品位和职业幸福感，更促进了校园和谐。在此基础上，教师对素质教育的理解、对培养学生的综合素养和学校所开展的各类活动都有了新的认识。

下面是教师综合素养培训班的精彩片段。提升人文素养，创建幸福课堂，是举办培训班的目的。

 案例

幸福课堂

学校工会组织开设的综合素养培训课，是为教师量身定制的第二课堂，既是为教师打造的私享幸福课，也是教师职业激情的加油站。教职工依据课表自主选择报名，主动参与学习。大家可以在旅游摄影和礼仪心理课程中欣赏美好、感受写意人生，在瑜伽、太极课程的呼吸吐纳间释解压力，在茶道、咖啡、园艺课程中放松身心，在西点烘焙和中点制作课程中品味生活。

超级讲师团，精彩课程看不够。茶道、咖啡 DIY、西点烘焙、中点制作、多肉园艺、瑜伽形体、蛇雀太极、中医养生、旅游摄影、文献修复、礼仪及心理调适等三大主题的 11 门课程,邀请了学校中有这些特长的达人以及专业人士担任讲师,理论学习与实操训练相结合,大家兴致盎然,收获满满。

素养课程＝职业激情＋生活热情＋工作幸福＋…

教师们对综合素养培训课程十分满意。通过活动实践,大家纷纷表示:既接触、学习到了新事物,体验到了文化趣味、韵味,也丰富了业余生活,增进了相互交流,缓解了职业倦怠。正如学校党总支书记、校长唐纪瑛所说的开设素养培训班的初衷:"幸福是可以相互感染的,只有幸福的教师才能引领幸福的学生。让老师们'悦生活、乐工作',这才是我们开设校本培训课程的出发点和落脚点。"

学校深深懂得,每位教师的专业成长需求不同,所以他们需要找到自己最需要的那个"点",需要自主的空间和自由的创造。"在信管,让我们一起做一个有情怀的教师。"

四、"强"思政,提升专业之雅

以课程为基础的课程思政,是教师把学生价值观塑造寓于专业课程知识传授和技能培养之中,从而教书育人、立德树人的思想政治教育活动。全面推进课程思政建设,是教师"雅"德行要求在课程实践中的具体化,彰显专业之雅的思想政治本色、回归教书育人本真、坚守专业能力本位,饱含着丰富的德行蕴意。因此,通过课程思政建设,实现全体教师育人和全部课程育人,以及从零散到系统、从无意识到自觉、从自发到有组织的过渡,有利于教师深刻体会专业育人的新要求,不忘立德树人之初心,牢记为党育人、为国育才之使命。

学校全面推进不同专业的课程思政建设理论研究和教学实践,探索创新课程思政建设方法路径,通过"六个一"(组织一次研讨培训、开展一项课题研究、进行一次教学比赛、打造一批示范课堂、推出一批示范教师、撰写一批研究论文)构建全面覆盖、类型丰富、层次递进、相互支撑的专业课程思政体系,加快形成专业有精品、课程有特色、教师重育人的良好局面。

（一）聚焦课程思政目标，分级分类开展系统培训

教师的专业育德意识和育德能力直接关系到课程思政的质量和效果。学校对教师进行全员课程思政理论学习的培训，让教师从本质上理解课程思政的内涵和特征。同时，针对不同教师群体，提出了不同的培养目标。对于教学管理干部培训的重点是专业课程思政的顶层设计，对专业带头人的培训聚焦示范课程思政的教学和设计，将全员教师的培训放在如何具体实践操作的层面，提升教师在各项教育教学活动中应主动关注道德教育资源，把握道德教育时机，主动培养学生道德品质的意识，同时在培养学生道德品质的过程中还要具备高超的技能。

学校在持续推进课程思政建设的进程中，注重发挥教师队伍"主力军"、课程建设"主战场"、课堂教学"主渠道"的作用，使课程思政与思政课程同向同行，形成协同效应，发挥课程思政培育时代新人的积极作用。

（二）架构课程思政体系，强化育德意识与育德能力

学校紧紧围绕上海市和区域发展需求，结合学校发展定位和人才培养目标，以课程思政工作体系、课程体系、教师队伍、课堂教学、评价体系为核心，以课程思政的建设、研究、运行、管理为着力点，构建起全面覆盖、类型丰富、层次递进、相互支撑的课程思政体系。

学校编制的课程思政教学指南，在公共基础课程、专业课程和实践类课程教育中牢牢把握专业成才和全员育人的共通点，将社会主义核心价值观教育融入教学过程，强化两种育人功能，为学生根植正确的理想信念、政治立场。同步组建了课程思政教学共建团队，形成课程思政专门化结对制度和常态化运行机制，由思政课教师与专业课教师合作当专业课共建人，从一个知识点、一节课或一个教学单元入手，指导和帮助专业课教师深挖课程中蕴含的思政元素，推动课程思政由点到线，再由线到面，最终形成内涵丰富、全过程覆盖的课程思政体系。此外，学校还编写了课程思政指导手册，给教师提供一些基本的科学规范的思政理论和课程思政元素，并鼓励教师在日常开展思政讲堂、交流研讨、主题

实践等活动,打造生动的实践课堂。

表 6-1　文物保护技术专业课程思政指标体系

专业课程	历史共性思政要求							时代特征思政要求							
	爱国情怀	法治意识	社会责任	文化自信	诚实守信	价值塑造	职业伦理	中国梦	创新意识	工匠品质	团队意识	科学素养	新发展理念	中国式现代化	命运共同体
文物学入门	▲			▲					▲						▲
文物修复原则		▲			▲								▲	▲	
文物保护方法基础													▲		▲
文献资源建设	▲							▲							▲
文物法规		▲			▲									▲	
古籍装帧技术	▲			▲						▲					
古籍修复技术	▲			▲						▲					
书画装裱技术	▲			▲						▲	▲				
书画修复技术	▲			▲							▲	▲			
文物修复传统技艺	▲			▲	▲										
文物保护科技方法		▲							▲			▲			
档案管理与保护技术		▲			▲		▲								
历史文献数字化	▲			▲				▲					▲	▲	▲
文献典藏与保护	▲	▲	▲										▲	▲	
图形制作与图形处理									▲				▲		▲

表 6-1 为学校文物保护技术专业课程思政指标体系,该体系从历史共性思政和时代特征思政两方面出发,围绕文物保护技术专业涵盖的各门课程详细地提出了相应的指标要求,帮助教师深挖课程中蕴含的思政元素。

(三)　建设课程思政重点项目,成就示范课程与教师团队

根据目前学校不同专业的人才培养定位、培养模式和现状,课程思政教学

贯彻按课程性质分类指导、因材施教的原则，以适应课程个性化教学的需要。在各专业中选取1—2门课程进行课程思政教学示范课教学设计、课件制作以及视频录制，专业课程思政注重以专业技能知识为载体，立足课程学科内涵，发挥课程学术特色，着重增强对学生社会责任和爱国情怀、科学精神与人文精神素质的培养。针对不同专业的学生，将专业的职业伦理操守和职业道德教育融为一体，强化学生创新能力、职业素养和工匠精神的养成，给予其正确的价值取向引导。

（四）组织课程思政教学比赛，提升课程思政实践能力

学校通过组织课程思政教学案例比赛，促进课程思政的专业化、科学化，实现专业课程和思政元素的有机结合，在比赛中要求注重课程思政建设模式创新，教学内容体现思想性、前沿性与时代性，教学方法体现先进性、互动性，形成可供同类课程借鉴共享的经验。教师深入挖掘提炼各类课程所蕴含的思政要素和德育功能，不断拓展课程思政育人方法和途径，有机融入劳动教育、工匠精神、职业道德、职业精神和职业规范，加快实现课程教学向课程思政转化、专业教育向专业育人转化、成才教育向成人教育转化。以赛促教，从来不是一句空话。教师们在认真准备比赛的过程中，思想和逻辑深度、实践和探索能力都有了显著的提升。

 案例

国际会展策划与管理课程
——"红色旅游"在线会议
（教案节选）

设计意图：以突出岗位实用能力为逻辑主线，依据本专业人才培养模式、专业岗位要求、教材分析和学生学情设计任务驱动的讲授法和讨论法；坚持职业行业特色，围绕在线会议这一会展行业新趋势组织课程内容，以岗位能力为依据选择相关知识点、技能点，形成知识与技能相统一的模式；有机融合党史学习

教育,深刻认识长征精神、搜集四渡赤水史料,与红色旅游会议策划相结合;开展红色旅游在线会议与会务服务相结合,培养严谨负责的职业精神,提升学生服务国家、服务人民的社会责任感。

育人目标:掌握会务工作流程,培养严谨负责的职业精神,增强职业使命感。通过动手实践,培养正确的劳动价值观和良好的劳动品质;了解中国特色社会主义脱贫攻坚的伟大成果,认识其现实价值和历史意义。助力红色旅游、乡村振兴事业,提升服务国家、服务人民的社会责任感。

课程思政实践举措:

(一) 总体设计

本课程选取在线会议服务典型项目,创设类实践的学习情境,以服务方案为中心,以策划组与服务组的"双盲""双线"形式同步开展课堂活动。以"促进贵州省赤水市丙安古镇旅游发展"作为会议策划主题,以在线会议作为课堂组织形式,将新旧教学内容有机结合。在任务总结环节,采用复盘回顾、螺旋递进的方式,集体复演、讨论、重建。

(二) 具体路径

1. 课前准备,接受任务

预习四渡赤水影像片段,发布"促进贵州省赤水市丙安古镇旅游发展"在线会议任务,说明任务要求,提供旅游扶贫样例作为参考,引导学生以小组为单位在超星学习通平台提交策划方案。

2. 新闻导入,引出议题

由红色旅游新闻数据引出话题,由学生代表介绍本次会议对象和选题背景。

3. 任务引领,课堂实施

以"会务接待＋会议策划"的形式同步开展课堂活动,为学生创设一种类实践的情境。在会前环节教师布置在线会议主线任务,并将任务拆解为若干个分支任务,学生在会前进行会务准备和参会准备工作。在会中环节,每个学生完成各自的分支任务,合作完成主线任务。学生以达成任务为目标,驱动其识别任务、发现问题、探索解决路径、解决问题。

4.复盘回顾,课后小结

引导学生于在线会议任务结束后进行复演、重述、讨论、分享,启发学生对任务准备和过程总结进行思考,启发学生从服务和用户维度点评会务组接待工作,启发学生对会务特殊情况的处理进行思考。

……

五、"评"最美,彰显气质之雅

师者,应怀有世上最美的初心。以德修身,恪守师德,是师者的修养;以德修己,以德育人,是师者的追求。爱心滋润,桃李三千承雨露;书香氤氲,芝兰四季吐芬芳。学校通过各类评选和表彰,鼓励全体教师学习身边的榜样教师,从他们的言行和德行中感悟"教"的从容、"育"的辛勤、"人"的本真、"师"的多元,守住师者初心,彰显气质之雅。

(一)最美名师——精心培育良匠之师领军人物

名师是教育教学改革的引领者,是学校办学质量的重要标志之一。学校坚持把加快名师培养作为提升教师队伍素质的重要抓手,不断推动名师培养机制和模式创新,带动了教师队伍整体专业发展,推动学校教育教学质量的全面提高。

学校根据教师成长情况分新教师—骨干教师—专业带头人—市级名师—全国名师五个阶段遴选优秀教师纳入培养范围,形成好中选优的良性机制。通过组建新教师"青蓝冲锋队",安排资深教师一对一精准带教,跟踪指导,帮助新教师完成从实习教师向成熟教师的转型。通过骨干教师、学科带头人的遴选和培养,教师能够追踪任教学科教学改革前沿,实现理论知识向实践知识的转型。将获得区级学科带头人称号的教师纳入名师培养序列,建立学校名师工作室,以更新教育理念和提升综合素养为核心,以课堂教学特色的形成和教育科学研究能力的提高为重点,打造在上海市内外有一定影响力,具有引领和辐射作用的学校名师,并助力他们逐步成长为上海市和国家级名师。

近年来,学校通过抓青年、强骨干、促名优建设,使得各个层次的教师都有发展的平台和机会,走出了一条富有成效的名师培养之路。打造出一批师德高尚、理念先进、教育艺术精湛、教学风格鲜明、教育科研能力突出的专家型名师,学校名师示范引领效应逐渐体现。

陈琚老师正是学校名师培养成果的优秀代表。她先后获得 2018 年上海工匠、2019 年全国模范教师、2020 年上海市特级教师等荣誉。为了进一步激发名师的榜样力量,学校专门组织力量制作了微电影《琚妈》,再现陈琚老师用奋斗践行信仰,用拼搏的青春"烹饪"出育人的"美餐"的故事。全校教师共同领略了这位舌尖美味的创造者、烹饪专业的掌勺人、追求卓越的教育大师的风采。该微电影由校工会选送上海市总工会第四届上海职工微电影节并获"最感动作品奖"。

(二) 最美信管人——以德行润心灵育桃李芬芳

最美信管人评选活动,目的在于树立、宣传一批师德标兵模范群体,是对教师奉献职业教育情怀精神的褒奖和鼓励。通过评选活动,增强广大教师教书育人的荣誉感、责任感和使命感。努力建设德高善教的慧雅教师队伍,示范引领学校教育改革发展。

学校每两年在全体教职工当中开展最美信管人的评选表彰活动。经过民主推荐—汇总公示—征求学生意见—全校教职工再推荐—党总支会议讨论确定的流程,最终确定每一届最美信管人的获奖者。

获得最美信管人称号的教师当中,有人潜心钻研,在"双师型"道路上昂扬向前;有人用实际行动践行了"忠诚援藏、真情援藏、智慧援藏"的铮铮誓言;有的用心血滋润,把学生的每一次挫折当作天使的振翅;有的坚守班主任岗位二十年,把教书育人的责任铭记心间。

正是这些身边的榜样,在专业上砥砺前行,在精神上高位引领,影响、带领着每一位信管教师守住教育初心,一同在灿烂的星空下栉风沐雨、躬耕不辍!

案例

"最美信管人"颁奖词(节选)

你是酒店管理专业教学的多面手,也是班级管理德育工作的能手。你用真情和爱心温暖学生的心灵,用智慧和敬业开启学生的心锁。作为教师,你潜心教学,以广博知识润化学生;作为班主任,你亦师亦友,用心悦纳、用爱育人。默默耕耘、追求卓越,让每一个学生都出彩,这是你的承诺,更是你的人生!

……

你是学生眼里温柔的姐姐、尊敬的师长;你是家长心里亲切的老师、信任的人。专业是你的标签、温暖是你的表情,招生、教学、科研、活动策划……校区里处处可见你忙碌的身影。以诚恳换真心,以专注创佳绩,把心交给学生,把身交给学校,你用爱心滋养了特殊孩子的心灵,用智慧托起了"折翼天使"的梦想。

……

二十二个春夏秋冬,他用行动诠释了自己教书育人的信念。一支粉笔,耕耘知识沃野;三尺讲台,叙写无悔人生!当班主任,他春风化雨,点燃学生生命的激情;教语文课,他文采飞扬,引导学生智慧学习。他用自己的言行为学生做出表率,用自己的人格魅力去影响学生。学高为师,谆谆教导终如始;诲人不倦,培桃育李满天星。

……

(三)最美组室——汇团队之合力扬师者精神

只有凝聚才能产生力量,只有团结才能诞生希望。团队的力量可谓无穷。学校为了激发校内的正能量,在个体榜样引领的同时,也很关注激励和发挥团队、集体的正向影响力。

学校由工会牵头,通过每年一次的最美组室评选,对坚定贯彻党的教育方针、爱岗敬业、团结协作、创先争优,在教育教学和管理服务中贡献突出,努力践行社会主义核心价值观,自觉弘扬文明新风和"四有""四自"精神,坚守高尚情操和职业道德信念,具有较强的先进性、代表性和示范性,严谨笃学、创新实践、业务精湛,具有良好的社会信誉和影响力的组室进行评选和表彰。多年来,学校评选出的最美组室,无一例外地获评区级乃至市级的优秀团体。

　　蒲汇塘校区就是学校最美组室活动中涌现出来的代表。这支由 23 人组成的团队，"以德为魂、以爱为本、以业为精、以绩为根"，是他们的思想基础和责任担当，"爱岗敬业、乐于奉献、团结协作、配合默契"，是他们的精神境界和行为准则。蒲汇塘校区紧紧围绕学校中心工作，把育人目标融入专业建设，开展丰富多彩的社会实践活动，无论是在上海市教育博览会和职业体验日活动中，还是学生参与的黄浦区淮海中路街道"淮海＋"午间课堂活动，抑或是走访国内外友好学校时，他们都积极利用文物保护与修复专业知识不断弘扬中华优秀传统文化。团队教师积极参与课题研究和教学改革，达 32 人次之多。他们承担的"2＋1模式下中本贯通专业课程一体化建设的实践与研究"被列为徐汇区重点课题和上海市教育科研规划课题。辐射专业建设成果，坚定文化自信，服务区域文化经济建设，取得了良好的效果。蒲汇塘校区在 2016 年、2018 年两个年度荣获"徐汇区教育系统文明组室"称号。

　　这些最美教师和组室用实际行动践行弘扬工匠精神，谱写匠心匠艺篇章，成为体现学校慧雅办学思想的一道亮丽、耀眼的风景。这些最美教师的良好师德修养对学生的成长有着很大的影响，同时也引领了学校全体教师始终以积极健康的心态和饱满的热情对待工作和学生、始终以不断增长的学识和专业的态度教导学生、始终以仁爱之心关怀和信任每一个学生、始终树立远大的教育理想，在教育路上不断深耕。

第二节　培善教之术

教师的教学能力是通过教育教学工作体现的，培育教师的善教能力，是落实培养慧雅型现代技能人才的关键之举。

人工智能时代，教师要有运用技术的意识和能力，要了解技术、熟悉技术，拥有应对人工智能进课堂的数字素养，进而运用技术，实现"慧"的教学。学校着力培养"慧"教学与"慧"提升的慧雅型教师。以智能技术为抓手，组织开展智能技术素养培训，提升教师的智能素养，推进各个专业部将智能技术应用到课堂教学中，逐步创新"智能＋"课堂教学，实现"慧"教学；以课题研究为引领，提升教师的教育科研意识，以实践为导向，帮助教师找准科研内容，在科研中明确学校发展方向，实现学校的跨越式高质量发展。

一、"慧"教学：智能技术应用夯实慧雅教师

人工智能不但是一次技术变革，更触及了人类生活的方方面面，人工智能以其深度学习、跨界融合、人机协同、群体智能等特点，为教育穿针引线，使信息化在教育中的角色逐渐从支撑走向引领。人工智能既给教师带来了提高教学效率、促进个性化教学、培养学生全面发展、人机协作教学的机遇，同时也带来了消解教学参考书曾经赋予教师掌控知识的特权、部分替代教师职能、对育人角色的诉求等挑战。

为了应对人工智能给教育和教师带来的机遇和挑战，学校通过更新教育观念、转变专业发展方向、提升专业素养等途径，重新定位教师自身的角色从批量标准化教学者到精准个性化教学者、从单一主导者到人机协作者、从数字化环境的使用者到智慧学习环境的使用者和构建者、从知识性教学角色到育人角色。

（一）开展智能素养培育

学校依托信息类专业较好的办学基础、办学规模、实训教学条件和产教融

合资源，进一步调整优化人才培养结构和学科专业结构，增强高端产业人才和创新型劳动力大军培养能力，提升教师科技创新能力，更好地支撑引领创新发展和产业转型升级。在《上海市信息管理学校"十四五"发展规划（2021—2025年)》中，学校明确了要结合学校发展需要，聚焦教师的"智能＋"素质培养，以点带面，逐步推进。构建以生为本、基于课堂、应用驱动、注重创新、精准测评的教师信息素养提升新机制，实现教师智能化教学能力显著提升，全面促进信息技术与教育教学融合创新发展。

1. 开展数字信息素养培育，提升教师智能理念

人工智能给教育及教师带来发展机遇，教师可以充分利用教育教学过程产生的海量信息进行模型化分析，进而为学生提供精准个性化的教学服务。这是有意义的事情，但也对教师处理信息的能力有了新要求。教师需要知道如何在海量的信息中准确地筛选有用的信息并发挥出其最大的价值，也要知道如何对收集到的信息进行整合、分析、处理、应用。教育部颁布的教师数字素养教育行业标准已经明确了教师数字素养框架，从数字化意识、数字技术知识与技能、数字化应用、数字社会责任、专业发展五个方面对教师数字素养提出了要求。而这些，就成了学校"智"育教师的方向。

2. 推进教师应用能力培训，服务教育教学改革

学校围绕教育教学改革发展目标制订信息化发展规划和教师研修计划，立足应用，专项学习，整校推进，全员参与，建立起了适应学校发展需求的教师信息技术应用能力提升新模式，激发教师提升信息技术应用能力的内生动力，结合学校"智能＋"发展主线，有效提高教育教学质量。学校通过系列化的"智能＋"师资培训，引导教师了解新科技、实践新技术，运用信息化技术，以学生为核心探索课堂变革与教法创新，推动 AI 技术与教育教学融合发展。

3. 加强智能通识与应用课程的建设与实施，深化培训内涵

近几年，根据时代和行业发展的需要，学校要求教师，尤其是专业课教师，要能够掌握自己任教专业的智能化发展趋势，并具备智慧教学技术与能力。因此，学校为教师开设了符合行业发展现状、尊重职业教育规律的智能素养及应

用技术类课程,完成了大数据支持下的精准教学、大数据支持下的精准教研以及人工智能下的因材施教等多门有针对性的课程培训,提供了更加个性化和智能化的教学方案。学校组织相关专业教师参加了 AI 工程师培训,其中 11 人获得了行业认证。利用人工智能工具和算法,通过分析学生的学习数据,教师可以更好地提供有针对性的教学指导和反馈,从而提升教学效果,也可以更好地参与教育科研和教研活动,探索和推动人工智能在教育中的创新应用,提升自身的教学水平和职业发展潜能。

（二）推进智能技术应用

人工智能技术的发展不断影响、改变着教育,人工智能时代智慧学习环境得以建构,教师和机器协同教学,混合式教学方式大行其道,教师要具有技术素养,将技术融入教育教学过程,借助技术辅助教学提高其质量和效率。

为此,学校在各专业群当中,选用适宜的人工智能技术开展教学实践研究,落实"智能服务＋"的专业发展定位,逐步形成由 AI 修复技术、AMT 测评技术、AISEC 模式组成的"3A"专业教学智能技术应用体系,全面提升专业教学品质与水平。

1. 教师在文献保护类专业教学中的 AI 修复技术应用

通过书画修复 AI(Artificial Intelligence)系统建立规范化的书画修复教学流程和教学步骤,让隐性知识变成显性知识,让学生的修复水平和准确度得到明显提升;收集教学和实训过程中产生的实训数据,开展课堂内的即时评价和分析;让每个学生的实训过程都可以得到有效的监督与反馈,学生的实训过程和结果都能通过系统进行记录,以便教师教学策略的调整。

2. 教师在旅游服务类专业教学中的 AMT 测评技术应用

运用 AMT(Automated Measurement Technology)测评技术对旅游服务礼仪课程学习过程和成效进行辅助测评,帮助教师和学生精准地获得体态美训练过程中的数据,并通过数据分析纠正学生的操作演示,帮助学生快速精准地获得训练指导,提高训练效果,提升学生综合素养和整体服务品质。

3. 教师在信息技术类专业教学与世赛训练中的 AISEC 模式应用

作为第 46 届世界技能大赛网络系统管理项目技术支持单位和上海市选拔基地,学校通过与信息产业头部企业及相关研究所合作,以检测计算机网络中的入侵、人工智能防火墙技术、管理和评价计算机网络系统等作为主要应用技术,全面提升日常专业教学和世赛基地训练的效能,开展基于校企合作的人工智能技术应用模式 AISEC(AI in School-Enterprise Cooperation)的研究与实践。

根据人工智能技术在上述专业教学中的实践应用,提炼共性策略与特色教学方式,构建"3A"专业教学智能技术应用体系,形成各个专业类的教学案例或课例集,推进人工智能与专业教学的全面融合。

（三）创新智能＋课堂教学

课程建设与专业教学是职业教育的根本,是技术技能人才培养的基石。围绕"智能＋"建设,借助专业课堂教学实践,探索人工智能赋能职业教育的路径和方法,是学校长期探索的方向。围绕职业院校如何培养学生的智能服务理念、如何利用人工智能技术革新课堂教学方式和技能学习方式、如何借助大数据智能分析评价教育教学效果这三个问题,学校通过有效开展专业教学活动的创新方式与实践流程,让师生在人工智能时代获得所需的理念和技术,应对未来挑战,实现了三个方面的突破。

一是探索人工智能赋能中等职业教育专业教学路径的共性策略与特色教学,提高专业教学的精准化水平,提升学生在人工智能时代的专业学习成效,促进专业教学在教研和科研领域的创新。

二是开发出一套人工智能赋能专业教学的教学策略、实践路径以及案例成果,为人工智能教学模式提供清晰具体的实践范式。

三是通过将人工智能理念和技术融入中等职业教育专业课堂的相关探索,找到一条职业学校教学创新的实践路径,并让职业教育与时代发展更加紧密地结合起来。

二、"慧"提升:教育科研能力助推慧雅教师

学校一直秉持"问题导向、科研引领、质量提升"的理念,将教育科研工作作为学校办学质量的重要一环,坚持把职业教育科研工作摆在优先发展的重要位置,充分发挥了其为教育决策服务、为教育实践服务的功能。学校教育科研工作取得了明显的成效,教师的教育理念和教学水平进一步得到提升,教育科研的氛围进一步形成,学校实现了跨越式高质量发展。

(一)问题导向,提升教育科研意识

加强教育科研,不仅是提高教师自身素质的重要途径,更是促进学校发展的内驱力。学校紧紧围绕职业教育办学特色,实现管理创新,以课题研究为引领,促进教师成长,以课题研究为契机,聚焦有效教学,推动了学校教育教学改革,引导教师由传授型、经验型逐渐向科研型、学者型转变,为学校优质发展提供了有力的智力支持。

自建校以来,在教育科研工作中,学校一直明确四个关系,树立四个观念:一是明确教育科研与办学质量的关系,树立"向教育科研要质量"的观念;二是明确教育科研与学生发展的关系,树立"教育科研与学生发展是职业学校办学质量同等重要的两翼"的观念;三是明确教育科研与教育改革的关系,树立"教育改革,科研要先行,向科研要改革思路"的观念;四是明确教育科研与师资队伍建设的关系,树立"教育科研是教师专业化发展的重要途径"的观念。在此理念的指引下,学校科研工作紧紧围绕"汇雅聚智、和心育才"办学理念,形成了坚持以课题研究为核心、以校本研修为主线、以课堂教学为阵地、以教师培训为突破口的工作思路,努力提升学校的科研工作水平和教师的科研能力,切实发挥教育科研的引领、基础、全局作用,有效促进学校的全面发展。

(二)实践导向,找准教育科研内容

在教学实践中发现问题,在解决问题中树立科研意识,在课题研究中提升学校办学质量。

1. 平台与科研联袂，着力打造专业优质生态

学校聚焦专业发展过程中的重点和难点问题，以教育科研打破建设堵点和发展瓶颈。

在图书档案数字化管理专业建设中，针对现代图书馆数字化发展趋势，学校联合长宁区图书馆、闵行区图书馆、上海师范大学图书馆和上海社科院图书馆高质量完成图书信息管理专业虚拟化实训平台建设，将其运用于学生课堂教学、学生企业实训、教师实践以及企业职工培训，并作为上海市七所中高职院校信息化试点项目之一被上海市教委信息中心报送教育部。

学校根据文物保护技术专业在新时代转型发展过程中出现的新情况，开展了关于古籍修复专业改革的课题研究。经过十年的不断深化研究，提出了解决问题的方法，提升了专业建设质量，研究成果荣获 2022 年国家级教学成果奖二等奖。成果聚焦如何培养既懂传统技艺又懂现代科学技术的技术技能型古籍修复人才的问题，根据"行业引领、校企共建，优化结构、重构内涵，科技赋能、要素聚集"的改革总体方案，整体设计，重点突破，以教学改革为基础，撬动中职文物保护技术专业学生的跨学科核心素养培养和技能学习变革，实现从传统技能人才向掌握新技术、了解新材料、具备新素养的高素质劳动者、技术技能人才转变。

针对学校创新性的两所本科院校与一所中职学校中本贯通教育中遇到的一系列专业建设问题，学校完成了"探索新时代文物保护与修复人才培养模式"的教改课题。研究成果《"2＋1"模式下中本贯通专业课程一体化建设实践与探索》在全国首次实现两所本科院校和一所中职院校共同开展的多主体、双学位的人才培养新模式试点，是贯通培养理念的深度创新与实践，为后续贯通专业的发展提供了理论基础。相关研究成果形成专业示范引领效应。

面对人工智能对职业教育课程、教学、评价、管理、教师发展等方面产生的系统性影响，学校突破传统专业的教育思维束缚，深入探索传统专业改革以及人工智能新课程的建设，开展"人工智能＋"的新人才培养探索，更好地适应新时代中等职业教育教学信息化、智能化的需求。学校先后开展了"人工智能赋

能中等职业教育专业教学的路径与实践探索"（上海市教育科研一般课题）、"虚拟仿真技术在职业教育教学中的创新应用"（教育部专项课题）、"数字中国战略下中职专业的数字化改造与优质发展研究"（国家一般课题）等多项研究，通过有效开展专业教学活动的创新与实践，让学校师生在人工智能时代获得所需的理念和技术，应对未来挑战。

2. 问题导向专注实践，科研成果频频得奖

近三年，学校教师共出版著作 4 部、专业教材 3 部，在省级以上刊物发表论文 40 余篇，承担国家级课题 4 项、市级课题 5 项、区级课题 4 项，形成了一批教学成果，这些研究成果涵盖了学校各个专业领域。学校教师获得的区级及以上研究成果共计 18 项，主持的区级及以上教育科研项目共计 14 项。

这些研究成果充分展现了学校教师在科研领域的卓越能力，同时对于促进学校教学质量的提升，推进学科理论和实践的创新，为学生提供更加前沿的知识，都具有积极意义。

（三）成果辐射，增强教育科研成就感

将研究成果推广、应用、实施，进而惠及更多学校，才是学校教育科研工作的价值所在。学校通过线上、线下的平台和多种载体，让优秀成果可看、可触、可操作、可借鉴，促进其他学校在已有基础上更加优质地发展。仅 2021 和 2022 年，学校就先后在 20 余次的交流会和论坛上，介绍学校教育科研工作成果，如承办"坚持文化自信 赋能非遗传承 推动区域职教协同发展"第四届长三角职业教育一体化协同发展论坛、"推进产教融合，提高职业教育的社会期待"《教育家》线上圆桌论坛、"时代引领 创新驱动 以文化人"第三届长三角职业教育一体化协同发展论坛、"新时代 新要求 新模式"首届新时代一流职教师资培养高峰论坛等，且均进行了专题发言，同时还线上参加了"创新与高质量发展"第二届长三角双元制教育国际合作研讨会和"数智赋能 赢创未来"基于产教融合的人工智能教育与应用论坛并做主题发言等。

春华秋实又一载，砥砺奋进续新篇，十帆一道带风轻，奋楫逐浪天地宽。学

校将以正在研究中的教育部和上海市立项课题为契机，坚持"厚于德、精于技、达于和"的教育理念，积极开展"三教"改革研究与探索，继续扎根"慧雅"的文化沃野，以前瞻的眼光、务实的作风，丰富办学内涵，提升教育品质，展望信管美好未来。

三、"慧"未来：为慧雅教师教学助力

当今世界正处在大发展大变革大调整之中，新一轮科技和工业革命正在孕育，新的增长动能不断积聚。中国特色社会主义新时期，开启了全面建设社会主义现代化国家的新征程。

面对新方位、新征程、新使命，教师的工作意识和专业能力必须适应新时代人才培养需要。时代越是向前，探究意识和创新能力的重要性就愈发突出。为强化学校教师的创新能力，学校以专家带教、项目引领等方式为教师成长搭建平台，以教学竞赛、带队指导等方式助力教师能力提升。

（一）"四青计划"分级提升教师水平

学校通过面向青年教师的"青蓝计划"，面向专业带头人素质提升的"青芷计划"，面向专业教师知名企业实践的"青璇计划"，面向兼职教师教学能力培训的"青榕计划"，全面提升师资能力，拓展教师发展空间。

学校继续推进教师队伍建设工程，根据教师不同发展阶段研究培养需求，人才培养"四青计划"得到进一步落实，学校师资质量持续提升。

1. 青蓝计划，为青年教师补短板

在新时代、新变局、新发展的大环境中，如何将青年教师培养好，使青年教师逐步成为学校今后专业发展的主要内生动力，使其具备良好的师德素养和教学能力，为学校培养一批未来的高素质教师，已成为学校需要进行长远规划的重要工作。为此，学校有关部门通过调研，建立了职初期教师培养的五年计划，并将其命名为"青蓝计划"。为了保障青蓝计划的顺利实施，学校做好顶层设计，根据教师培训需要出台相关制度，编制入职初期教师培养五年计划、入职初

期教师培训考核制度、入职初期教师企业实践管理规定、入职初期教师进修管理规定等相关制度，在制度层面来确保这项工作。此外，学校应对职初期教师"三段式"培养工作，设计培训模块，使教师在教育教学工作中遇到问题时能够及时获得解决方案。

学校结合线上授课的实际，开展青年教师线上、线下混合式教学项目培养，组织第三方团队对所有职初期教师进行全面听课，为每一位青年教师切脉问诊。同时学校邀请多位职教专家为青年教师开设教学讲座，提供带教培养，为表现突出的青年教师搭建进一步发展的大舞台。

2. 青芷计划，为骨干带头凝特色

学校开展了新一轮的专业带头人评选活动，结合优质校、优质专业的建设要求，学校重新制定了专业带头人和班主任带头人的工作职责，对专业带头人提出了新的要求。

通过专家系列讲座进行政策解读，学习国内外先进职业教育理论与教学方法，使专业带头人能更好地了解与掌握我国职业教育的发展趋势以及国家制定的职业教育大政方针。把握专业建设方向，发挥学校专业带头人的引领示范作用。

通过理论培训与研讨，掌握专业建设和课程改革的方法、手段与步骤。使学校专业带头人能够熟练运用所学理论，提升规划专业发展的能力。安排专家与学员进行阶段性互动研讨，根据目前市场就业状况和学校专业发展现状，解决本校专业建设中遇到的问题、困惑以及专业提升中的难点、短板，进一步提高专业带头人的教科研水平。由此，专业带头人能科学运用教学方法、教学手段，并引领学科带头人、骨干教师共同提升课堂教学质量，同时了解和掌握项目教学法、案例教学法、理实一体化教学法、现场教学法等现代教学法。

3. 青璇计划，为企业实践增才能

为了提高专业教师理论联系实际的能力，学校要求专业教师，特别是缺乏专业实践经验的年轻教师，都必须到专业生产单位进行专业实践的锻炼。学校根据专业特点及教学安排制定具体目标，要求教师深入生产一线，开展行业或专业的社会调查，了解自己所从事专业目前的生产、技术、工艺、设备的现状和发展趋势，熟悉企业的生产环节和操作工艺，获取最新的技术信息，及时将行业企业的新观念、新技术、新工艺引入教学过程，提高教师自身的专业实践能力，进而推动学校的专业建设与课程改革，提高职业教育的实效性和市场适应性。

来自图书档案数字化管理专业的梁海健老师在长宁区图书馆的采编部、读者服务部、流通部等部门完成了为期一个月的顶岗实践活动，积极参加图书馆组织的岗位培训。通过顶岗实践，梁老师熟悉了图书馆内各相关岗位的职责、操作规范、用人标准及管理制度等具体内容，同时也学习了图书管理专业在实践中应用的新知识、新技能、新方法。

来自学校数字娱乐开放实训中心的王琦老师在上海幻维数码创意科技有限公司影视编辑部先后参加了项目策划管理、影视视频制作和设备维护等企业实践活动，并且直接参与了 SMG 上海文广传媒集团纪录片《激情穿越——保加利亚之行》的片头制作和整体包装工作。通过顶岗实践活动，王老师在影视视频制作技术方面有了较大的提高，已经能够初步胜任公司交派的任务。

来自学校数字媒体技术应用和计算机应用专业的须峰、卢琛、李景晖、毛俊杰等老师则在上海摩意网络科技有限公司开展企业实践工作，工作的主要内容是学习利用 MODO 软件进行三维模型的建立，制作基本的三维动画所需元素。他们还同时参与了该公司部分产品的设计制作。

"千里之行，始于足下"，教师在企业实践中既有观念上的更新也有理论上的提高，既有知识上的积累也有教学技艺的增长。企业实践经历对教师们今后的教育教学工作起到了非常重要的推动作用，不仅激发了他们对专业知识的兴趣，还培养了他们的环境适应能力及发现问题、分析问题、解决问题的实际工作能力，为今后的发展打下了良好的基础。同时，在顶岗实践过程中，也锻炼了教师的专业理论知识与专业技术实践能力。

4. 青榕计划，为兼职助力优结构

兼职教师是职业学校师资队伍不可或缺的重要组成部分。学校十分重视兼职教师队伍的建设，积极探索创新兼职教师的管理等工作。

一方面,学校充分发挥兼职教师的作用。在专业实训课程和专业拓展课程中,这些有着实际岗位经验的特聘教师往往发挥出更大的能量。例如,来自社科院图书馆的任洁老师,她所任教的读者服务和数字图书馆两门图书馆管理拓展课程就深受学生好评。来自上海摩意网络科技有限公司的叶唯中老师所任教的影视制作综合实训课程安排在数字媒体技术应用专业第四学期,通过这一课程将前三学期的所学内容贯通起来,形成一个个实际操作的工作任务。在教务科组织的座谈会上,该专业的学生都感觉到这种教学模式一下子让自己开窍了。

特聘兼职教师除了在校内课堂授课之外,针对企业最新岗位设置和技能要求变化开设专题讲座,组织学生进入企业,实地学习企业岗位技能。上海动漫公共服务平台技术总监庄文华老师在担任数字影像输入输出技术授课教师时,就多次带领学生到自己的工作岗位实地讲解,并观摩部分动画影视作品的制作流程。

除了在教学上发挥各位专家教师的专长外,学校在专业建设上还依托这些行业专家在专业布局调整、课程改革、专业评估等多项工作中发挥了巨大的作用。近几年学校在图书信息管理、数字媒体技术应用、航空服务、民航运输、计算机应用等专业的重点专业建设、课程调整和精品课程建设工作上均有特聘兼职教师参与。同时学校指定了多位专业课教师接受特聘兼职教师指导,帮助他们在专业能力上取得了一定的进步。

另一方面,学校充分认识到对兼职教师开展培训工作的重要性,充分认识到培训对提升兼职教师素质的重要作用,充分发挥兼职教师在学校兼职任教的重要作用,提高学校办学质量和人才培养水平。

一是通过培训提升兼职教师的现代职业教育理念和师德素养,坚定职业教育信念。加强兼职教师对职业教育的认识,坚定兼职教师的职业教育信念,培养他们高尚的职业道德。培养兼职教师较强的事业心和责任感,加强他们的思想道德修养,使他们具备爱岗敬业、严于律己、诲人不倦的职业道德,具有以学生为本、热爱学生、帮助学生成人成才的职业情操。

二是通过培训拓展兼职教师的能力结构，包括教师应具备的教学能力、现代教育技术应用能力、教育科研能力、专业课程开发能力、行业企业文化传播能力等，通过培训优化兼职教师以应用为核心的知识结构和兼职教师应具备的教师角色和职业人的角色。组织学校外聘兼职教师开展岗位培训，通过上好一堂课的基本要素、信息化教学与在线教学等主题培训，提升兼职教师教学素养，完善和优化他们的知识结构。使他们既是具备较高理论水平的教师，又是具备较强实践能力的工程师；既要具备扎实的专业知识，又要具有广博的基础知识；既是具备系统职业教育理论知识的职业教育工作者，又是具备专业技术开发和科研能力的社会职业人。

（二）"三航计划"打造教师阶梯发展

学校十分关注团队阶梯式发展，通过青年教师"启航计划"，以师徒带教等方式指导和帮助青年教师成长；通过中年教师"领航计划"，以项目领衔等方式鼓励和支持中年教师进步；通过资深教师"护航计划"，以结对导师等方式发挥其价值，落实传承，着力培育教师梯队。

1. 启航计划，领青年教师共成长

启航计划面向的是青年教师，尤其是新进教师。为帮助新教师更快适应工作环境、了解学校文化、明确发展目标、做好职业规划、激发工作干劲，学校定期举办青年教师沙龙、青年教师朗读活动、我与校长面对面、退休劳模特级校长讲述学校历史、榜样教师分享从教经历、青年教师相互交流难题等形式多样的活动，促进青年教师凝心聚力、敢于作为、爱岗爱校。同时，学校也时常面向青年教师组织科研能力提升活动，以讲座交流、教师自学、读书分享会、实地体验、互动研讨的形式开展，激发青年教师的进取精神、协作精神、创新精神。

2. 领航计划，助中年教师齐攀登

领航计划面向的是学校中年教师群体，旨在优化中年教师群体素质，让每个中年教师发现自己的价值。中年教师是学校发展的主力军，他们拥有一定的经验且年富力强，在学校里可以起到承上启下的作用，如果能够再接再厉，不仅能够在学校各项工作中承担重任,自身的职业生涯也必然前景良好。为了激发学校中年教师的工作积极性与潜能,学校一方面通过校级专业骨干、专业带头人评选,激励中年教师提高对自己的要求。另一方面,学校将诸如在线课程建设、课程资源建设、教材建设等各类项目建设的牵头组织工作交由中年教师领衔完成。在完成项目的过程中,中年教师革新观念、与时俱进、开拓进取。机会和舞台带来了自我肯定,成绩和成功让他们感受到了持续成长的快乐。

3. 护航计划,促资深教师传帮带

护航计划,主要让拥有更多经验和阅历的资深老教师为青年教师、中年教师保驾护航。在青年、中年教师的成长路上,给予持续有效的指引和支持,助力他们实现自我价值的提升。资深教师的知识结构完备、教学基本功扎实,尤其是在教书育人和待人接物方面有着特殊的经验优势和一定的人脉资源,这些对青年教师以及中年教师的成长促进是十分有益的。学校通过安排师徒结对,让资深老教师与新进教师组成师徒,通过制度化的管理,让双方在一对一传帮带的过程中互相影响、互相激励。资深老教师将自己的教育经验、体会、方法通过日常交流传递给青年教师,青年教师则用自己的热情与活力感染和影响资深老教师。同时,在中年教师牵头的项目建设中,规定需要组建年龄结构合理的工作团队,让资深老教师在项目工作中也能够出谋划策、贡献力量、体现价值。

(三) 创新方式助推教师能力提升

1. 以赛促教增强教师教学能力

教师教学能力是"三教"改革中的一个重要环节,培育教师的实践能力和创新精神是课堂教学质量提升的重要抓手,通过优化教学方法和手段,转变教师角色,发挥学生主体性,聚焦学生学习,使课堂教学更贴近学生实际,更符合学生认知水平和认知规律。学校坚持以赛促教、以赛促学、以赛促改、以赛促建的总体思路,以教学能力比赛为契机,激励教师更好地树立新的课程理念,掌握新的教学策略和方法,打造更高效、更有特色、更和谐的课堂。

在 2022 年全国职业院校技能大赛教学能力比赛决赛中,学校烹饪教学团

队四位教师代表上海出征,以参赛作品《国宴点心与制作》一举获得全国一等奖,展现了上海职业教育人过硬的专业素养。在同年 7 月举行的 2022 年上海市中等职业学校教师教学能力比赛中,该团队获得特等奖。

在 2021 年全国职业院校技能大赛教学能力比赛决赛中,学校航空教学团队四位教师代表上海出征,以"显真情的值机"一课,获全国二等奖。图书文物修复教学团队四位教师,以"四级破损古籍的修复——金镶玉装《三字经》"一课,获全国三等奖。在之前的 2021 年上海市中等职业学校教师教学能力比赛中,学校图书文物修复教学团队的"《三字经》的金镶玉装"获得特等奖,航空教学团队的"旅客地面提升服务"获得一等奖。

学校教师代表上海出征参加 2021 年全国中等职业学校班主任能力大赛,获全国二等奖。在之前的第五届上海市中等职业学校班主任基本功大赛中,荣获一等奖。

四年一次的上海市中等职业学校教师教学法改革交流评优活动受到全市范围内职业学校教师们的普遍关注。学校教师在历届比赛中均获得不俗成绩。2017 年,学校教师在全市中职系统教学法评优活动中获得二等奖,获得区骏马奖。2019 年,学校两位教师分别获得一等奖和二等奖,七位教师获得优胜奖。

2. 岗课融合建设"双师型"教师培训基地

学校是上海市职业教育骨干教师培训基地,同时也是上海市唯一的计算机类职业教育"双师型"教师培训基地。

"双师型"教师是职业院校教师队伍建设的特色和重点,要求教师既要具备理论教学的素质与资质,也应具备实践教学的素质与能力。基于当前职业教育岗课融合的基本理念,在对内对外培养职业教育教师的过程中,学校不断推动着课程设置与产业需求对接、课程内容与职业标准对接、教学过程与工作过程对接,力求实现理论教学与实践教学融通合一。

依托信管—商汤产业学院产教融合平台,学校以完善教师数字化知识与技能结构,提高教师的职称层次、学历层次、实际应用水平以及实践能力为目标,依托产教研联合教研机制助力培训教学资源开发,通过协同培养的工作机制确保与龙头企业以及高等院校的持续合作。

学校充分发挥师资力量和教学资源优势、合作企业的技术研发和实践资源优势，运用信息技术开发虚拟仿真、虚拟现实教学的经验和场地设备，拓展网络系统管理专业实训平台、人工智能实训教学平台、大数据课程实验平台、数字媒体虚拟实训平台等，依托丰富的数字化培训资源，实现视频、音频互动，推动云课堂培训的开展，促进教师综合教学能力和实践操作水平的提升，最终赋能"双师型"教师可持续成长。

3. 文智融汇构建优质创新教师教学团队

学校越来越关注到教师团队整体力量对人才培养的促进作用。因此，在近几年的教师队伍建设当中，学校将个体培养的方式逐步调整为团体作战的方式，着力提升教师团队的整体能力和水平。教师教学创新团队创建和培育工作就是学校的重要抓手之一。学校依据各专业教学团队实际，以文化为根，以智能为径，实现机制保障、阶梯推进、创新引领，全面推动学校教学团队的建设工作。2022 年，学校文献保护专业教师教学创新团队和数字创意技术教师教学创新团队获评上海市中等职业教育教师教学创新团队。

文献保护专业教师教学创新团队以图书档案与纸质文物相关产业的"技术传承—管理提升—智能发展"为主轴，对接上海文化中心建设目标，对标人工智能时代文化服务行业的新兴技术要求，为满足图书档案与纸质文物保护和传播相关行业岗位对复合型技术技能人才需求，以文化蕴底、智慧赋能为画像，通过"文化＋""智能＋"双"＋"特色领发展、教学改革为路径、多元师资做支撑、优质企业强助力，服务社会经济与产业升级以及学生可持续发展。专业教学团队将文化传承与技术创新有效融合，以实现图档博智慧化为目标，聚焦文献保护专业的数字化创新，在坚持文化传承的同时，将智能理念与技术渗透专业课程、实践教学和素养培育，推动着专业群的整体发展和品质提升，全力打造出了一支师德高尚、技艺精湛、结构合理，兼具文化底蕴和信息技能，能创新、重实践的高水平教学创新团队。

数字创意技术教师教学创新团队则聚焦国家战略性新兴产业，融合信息服务行业、文化创意产业和设计服务业发展趋势,对接数字创意产业对复合型高素质技术技能人才和技术创新的需求,围绕"数字技术＋创意内容＋信息服务",彰显文化创意与新一代信息技术和数字化产业的融合,按照专业基础相通、技术领域相近、职业岗位相关、教学资源共享的逻辑,着力推进数字创意设计课程改革,旨在培养能够熟练应用数字技术、创意内容、产品设计进行数字创意产品设计、制作与生产,能实施数字创意产品策划、经营与组织管理,具备较强的技术创新和创业能力的复合型技术技能人才。通过不断的培育和建设,促进团队形成良好的学科建设基础,积累丰富的教学改革经验,将相关行业企业最新技术成果引入教学领域,有效引领教学内容、方法和手段的改革,全面提高教学质量,取得标志性的人才培养和社会服务成效,实现教学团队的整体水平提高。

在学校"文化＋""智能＋"办学特色的指引下,教学创新团队将进一步推动文化与智能在师资培养过程中的融合融汇,为慧雅型技术技能人才培养提供强有力的师资支撑。

第 七 章

立成展望：
慧雅型现代技能人才培养的未来

【导语】

培养慧雅型现代技能人才,是学校的使命,也是办学的成果。学校的品质与特色,在师生成长中得到彰显和深化。

本章从办学历程与肩负使命中找寻一路传承的基因密码,从办学理念与宗旨视野下的慧雅学生、慧雅教师和慧雅学校中体味活力饱满的鲜活实践,从办学特色与成效中搭准"慧雅"的文化脉搏,增加面向未来的坚定信心。

文化立校铸就品质,和乐校园融洽和谐生态,智慧赋能管理能级……学校呈现欣欣向荣的新面貌,办学达到了理想水平,名列中等职业教育的先进行列。

创业争优未有穷期。信步走向未来,再战胜过期待。我们时刻正视前方,一定会抓住超越的机遇,再铸辉煌。

第一节 特色与经验

学校通力贯彻慧雅办学思想,聚力驱动慧雅型现代技能人才的培养方式与路径创新,向整合各种资源要素要能效,成效显著,积累了宝贵的经验。

一、文化立校铸就学校品质

学校在长期发展和职业教育规律探索中,加大内涵建设步伐,注重文化因素积累,重视文化价值影响的作用,开展以文化人专题研究,在办学实践中重视文化理念及其环境建设,取得了积极成果,铸就了文化立校的品质。

(一) 蔚然成风:文化自信,教育自觉,育人自为

文化的作用被现代教育与学校普遍重视,努力实现文化育人的重要价值,对于学校文化体系的构建意义重大。学校坚持正确的文化管理理念,认识学校文化对学校建设与发展的作用,加强学校文化建设,确立文化立校的办学理念,并将其贯穿在推进内涵建设、改革教育教学、增强吸引力的全过程。结合中职学校办学特点,挖掘职业教育文化底蕴,传承与弘扬工匠精神、匠心文化,形成"学校—学生—教师"良好的自驱系统。此外,卓越匠心文化与技术技能定位同样重要且意义深远。挖掘职业教育文化底蕴,传承与发展实业理念、工匠精神、匠心文化,有助于坚定新时代、新技术背景下的职教文化自信、职业教育自觉、专业育人自为,这也是作为类型教育在学校文化中根植职业精神的特色之一。

过去四十年历程里,根植于学校血脉中的上海近代文明以及中西文化交融,成就了学校兼容并蓄、融汇发展的"慧雅"办学渊源。坐拥深厚文化底蕴且兼具未来视野的上海市信息管理学校坚持将现代与传统有机交融,以智能育慧、以文化育雅的慧雅办学思想,推动着学生、教师、学校的共同进步。

文化品牌是学校获得长远发展的核心竞争力,使学校在同质化林立的职业

院校竞争中彰显特色、跻身前列。上海市信息管理学校高举"以文化校，以文育人"的战略旗帜，逐步形成独秀一枝的慧雅学校文化体系。

（二）精工细作：提炼文化，打造文化，深化文化

学校文化建设是一项循序渐进的系统工程，基于此，要理解学校文化建设的基本结构，挖掘学校文化建设的优势资源，沿着提炼文化、打造文化、深化文化的路径稳步推进学校文化建设。

1. 提炼学校文化

学校文化的提炼主要从四个方面入手。一是从学校历史传统入手。学校从创建上海市沪光图书中专班到上海市董恒甫职业技术学校再到上海市信息管理学校，从稳步前行到快速发展过程中，一代又一代信管人在推进学校建设中积累的办学经验，产生的校风、学风、教风以及校训都成为铸造学校文化的素材。二是从学校现实情况入手。立足学校"一切为了学生可持续的职业发展"的办学理念，进行现状和特点的深入剖析，有针对性地提出适应学校发展的学校文化内容。三是从学校未来愿景入手。学校新校区的建设对学校改革与发展提出了新的挑战，影响着慧雅文化发展方向。四是从学校地方资源入手。学校位于上海现代服务业的核心区域——徐家汇，具有独特的"慧""雅"文化资源，有利于培养适应新时代现代化大都市服务业的高素质从业人员。因此，慧雅文化就是学校培养目标的集中体现，具有显著的学校专业特色。

2. 打造学校文化

在打造学校文化中立足于学校自身办学与发展特性。一是基于中职教育的定位打造特色学校文化，注重培养学生的健全人格，将思想道德教育和行为规范养成教育有机融入学校文化建设各项活动之中。二是基于学校作为职业教育组织打造特色学校文化，建立凸显以"文化＋""智能＋"为主题的学校文化，在学校文化规划设计中积极引入优秀职业文化，展示行业有关纪律、规范以及流程，注重体现职业道德、职业理想、职业行为等元素，注重展示优秀劳模和优秀学生的光荣事迹，弘扬劳动精神和工匠精神。三是基于学校作为徐汇区教

育局所属的职业学校，根据学校总体情况进行形象定位，打造一个统摄全校、表述精练、内涵丰富、易于上口的学校文化品牌，以彰显学校个性和品位。

3. 深化学校文化

学校文化深化沿着上下贯通、左右兼顾、前后衔接的道路进行。上下贯通是指学校文化的建设向上要体现学校办学理念，回应学校核心文化、思想和精神，向下要将关注点和落脚点放在学校师生员工身上，关注其在文化影响下的成长和发展，使师生员工将学校文化真正敛于心、展于行。左右兼顾是指学校文化在建构中应注意关注"左邻右舍"，同一年级的中职学生在年龄特质以及心理发展上都较为接近，同一工龄阶段的中职教师在教育经历以及工作体会上都较为接近，学校文化建设可充分发挥此方面的同质性，打造针对特定群体的学校文化主题活动，促进校园内人与人之间的沟通与交往。前后衔接是指学校文化在规划和完善的过程中要注意把握其建设的阶段特性以及成长特性，不断回顾、梳理、总结学校文化建构历程，并根据规划融入时代精神，注重文化建构的延续性，实现学校文化历史传承和时代创新的统一，通过实践积淀促进学校文化的丰富与增效。慧雅文化的内涵进一步得到深化和彰显。

在文化立校中，学校注意把握其建设的阶段特性以及成长特性，回顾、梳理、总结学校文化建构历程，并根据规划融入时代精神，注重文化建构的延续性，给予以慧雅教育为特色的学校文化以新的价值、精神和愿景，实现了学校文化历史传承和时代创新的统一，促进了学校文化的丰富与增效。

（三）效应叠加：第一课堂，第二课堂，第三课堂

文化作为一种教育资源，其所具有的潜移默化的育人功能不可忽视。借助职业教育多元主体的功能和作用，发挥区域政府、产业、教育的资源优势融合育人，充分发挥慧雅文化理念的巨大价值作用和精神力量，搭建并优化学校以第一、第二、第三课堂为依托的育人活动体系。在第一课堂推出课程育人、专业育人等品牌项目，注重课程思政与学校文化的衔接与共振；在第二课堂推出主题活动、社团活动、创新创业活动等品牌项目，完善活动载体下学校文化对个性化

发展的融入与迁移;在第三课堂推出企业实践、社会公益服务等品牌项目,提升学校文化与职业精神在同频共振过程中的效力和实践力。通过搭建以校政企为支撑、三个课堂协同的学校文化育人共同体,使师生在活动中促进德智体美劳全面发展和知情意行的协调发展,实现文化建设到文化育人的转变,完善了校内外多元主体育人的文化生态。

二、和乐校园融洽和谐生态

学校将文化立校从理念转化为实践,致力于打造温馨和乐的慧雅校园。全体师生在"和乐"学校精神的指引下,以和善的心态待人、接物、处事,体现教育立人的教育本真。教师乐教,孜孜不倦,崇尚仁爱育人、赤诚专注的师者之心;学生乐学,奋发图强,追求认真踏实、精益求精的工匠精神。全校师生融人之长,合己之短,共同营造一方育人的热土。

（一）凸显人文的"慧雅"学校育人实践

人文特色是慧雅办学思想中的重要一环,学校的办学目标之一就是要建设拥有人文情怀和社会担当的学校。学校的每一名教职员工都是打造人文校园的重要一员,同时也深受校园氛围的熏陶和影响。

1. 人文蓄能,实践职教育人新方式

学校地处上海徐家汇源,是海派文化的发源地,校舍毗邻土山湾博物馆,见证了中国现代职业教育发展的历程,有着得天独厚的历史底蕴。依托人文建设工作、民族文化传承工作以及其他文化相关建设与实践项目,不断加强中华优秀传统文化和革命文化、社会主义先进文化教育,让学校师生在参与建设和实践的过程中,体会人文、感受并弘扬民族精神,进而夯实文化底蕴、提升人文修养。

扎实的人文修养可以为教师与学生带来精神满足和身心健康。学校支持并鼓励全校师生尽可能多地学习人文知识,夯实人文底蕴,学习、理解、运用人文领域知识和技能,具备相应的基本能力、情感态度和价值取向,积淀人文情怀和审美情趣,涵养内在精神,发展成为有宽厚文化基础、有更高精神追求的人。

2. 人文聚力,构建职教育人新样态

学校强化人文育德,强调每一名教师都是校园中的德育工作者,通过开设面向全体学生的文化修养、品德操行、非遗传承课程,强化学生的内在修养,塑造自信昂扬的精神面貌,帮助学生形成良好的汲取新知的习惯,以便于其在未来漫长的人生道路上,能够不断积淀、成长、提高。同时,学校与各类社会文化机构达成合作,经常举办主题文化实践活动,带领学生走进博物馆、艺术馆,了解历史文化的发展脉络,观摩传统技艺演绎过程,让学生认识、理解、弘扬中华民族文化,不断提升中职学生综合素养与文化素养。

图 7 - 1　学生演绎以传承为主题的舞蹈

立足文化传承,探索人文实施路径,培养道德高尚、言行雅致,既拥有文化素养,又具备较高文化传承能力的技能人才,是现代中职学校应尽的责任。学校在课程内外融合渗透古今中外人文领域基本知识和成果,在校园活动和环境创设方面凸显人文情怀,形成文化培育的体系,落实文化素养的培养,创新文化培育的方式,借由全体教师参与的育人过程,让学生理解和掌握人文思想中所蕴含的认识方法和实践方法,提升自我价值感和文化认同感,同时提升审美趣味与生活品位,拓宽视野、升华格调,并外显于学生的言行举止当中。

3. 人文立校,深化职教育人新内涵

人文立校的意义主要在于注入"慧雅"的灵魂、提升核心竞争力,打造品牌、形成特色、促进个性化发展。学校以培养雅为善学的慧雅学生以及德高善教的慧雅教师为抓手,传承学校的文化初心,凝聚全员的智慧和愿景,以人文浸润、实践提高的方式,让教师全方位受到人文道德的熏陶,在提升水平的同时为后续的业务创新积蓄无穷的能量,让学生全过程受到优秀文化的滋养,在提高技能的同时为今后的职业发展积累无限的可能。

培养师生的人文修养,是人文立校的基础;塑造师生的人文精神,是人文立校的核心;构建学校人文课程,是人文立校的重点;打造校园人文环境,是人文立校的推手。坚持人文立校,反过来也成就了学校的发展。通过全方位、多层次赋能学校教育的新路径,精确勾勒学生画像、精细规划教师发展、精准描绘学校蓝图,能够让每个学生都放出独特的光芒,让每位教师都得到切实的成长,让学校得到更高质量的发展。

(二) 文化沁心的慧雅校园浸润师生

环境对学生的成长和发展至关重要。一个好的学习及成长环境不仅有助于激发学生学习动力、提升学习成效,也能够培养学生的人文精神和自我意识,让学生通过与环境的互动不断完善自身。学校以校园为基,以文化为核,设计营造出了激励学生成长、和谐人文氛围的教育生态环境。

1. 打造美好的学校文化环境

学校以打造慧雅校园为目标,将校园文化建设列入学校重点工作,在校园内精心设计并打造了 1 个以民族文化传承为特色的素质拓展中心,2 个提升修养、拓宽视野的学生成长馆,3 个面向校内外展现学校专业实力的开放实训中心,4 个丰富学生课余生活的创意广场,5 个布局在校园最美景色里的互动区域,6 个服务学生体质健康的运动场所等。其中,鲲鹏之志、智慧之眼、文心小径、校史大道等特色人文景观,技能广场、创业广场、演艺广场等自由活动空间成为学生流连忘返的校园打卡点。校园里随处可见的学生作品展示、四季皆美的绿植花卉、一步一景的文化小景等,都成了学校最美的明信片。

2. 开展正向的学校文化宣传

学校有着丰富的文化宣传阵地,依托校园网站、公众微信号、学校视频号等,面向教师和学生征集能够展现校园生活、学校特点和热点的资讯,形成通信稿件和照片、视频,经学校专设的宣传部门审核后进行发布,不仅激发了师生的归属感和主人翁意识,还凸显了积极正向、和乐奋进的学校精神。同时,学校根据各项建设工作的成果以及阶段性成就,对外开展各类宣传,提升学校品牌和知名度,也让师生加倍为学校感到自豪。

此外,学生文创作品展示、优秀学生事迹展示、文化标语等都会不时地出现在学校的宣传栏、长廊、大道以及各个角落,让师生沉浸式感受和体验。

3. 举办丰富的学校文化活动

学校聚焦文脉传承特色,开设系列化的大师讲堂,邀请高等院校、文博单位以及各个行业的大咖,将历史文化、技艺故事、匠心精神带入校园,带入师生心间。

学校以"慧雅"为题,举办面向校内的文化节日活动、面向社会的体验展示活动,让学生在组织、筹划、参与、实践的过程中,感受人文之美、体验技艺之慧、践行成长之雅。

学校在学生当中开展温馨教室评选,在教师当中开展温馨办公桌评选,在全校范围内开展文明校园专题展示,通过向师生征集"说"校园、"晒"校园、校园随手"拍"的作品等形式,让师生在有组织的文化行动中愈加爱校且凝心。

三、集成智慧赋能校园建设

学校紧跟时代步伐,力图围绕"智能＋"管理,通过一网统合建立智慧化校园,基于一站聚合形成系统化资源中心,利用一链整合实现物联网优化服务,实现数据驱动决策、工作流程自动化与智能化、实时监测与预测分析、提供个性化服务等,提高学校管理效率与质量,全面落实智慧赋能。

（一）一网统合促管理

学校将科学治校作为"智能＋"管理的主要目标，以智慧化校园建设为"智能＋"管理的载体与抓手，在利用信息技术与互联网平台将各种管理工作整合到统一网络之中的基础上，结合信息化培训与制度建设，实现了管理效率与协同性的提升。

1. "智能＋"管理目标定位：科学治校

随着时代发展、技术进步，传统课堂教学模式日益受到挑战，开放线上教育规模愈发壮大。而新冠疫情的突然暴发，更是促使各类学校陆续推行线上教育，"线上＋线下"混合教学方法的应用逐渐普遍。通过"智能＋"革新管理思想、升级管理手段是学校应对新时代挑战的重要方法，也是未来学校管理的必然方向。当代职业教育的发展需要职业学校在运营管理领域深化信息化应用，以国际标准化的管理思路为导向，通过系统整合升级促进管理能力的提升，推动涵盖校区管理、后勤保障、人事管理、财务管理等信息化管理平台的建设，优化业务流程，实现精细化业务管理。

学校原来的管理方式具有"四多一变"的特点，亟须一网统合的管理。一是多元化专业，学校开设了数字媒体、文保、图书信息、烹饪多个专业，各个专业的教学教研差异很大，对信息化的需求也不一致。二是多元化学制，包括传统的中职、中高贯通、中本贯通等专业，涵盖中职、高职、本科等多个学段，教学、管理的要求差异较大。三是多元化学生群体，包括未成年人、成年人等多个年龄段，学生心理波动较大、学生管理工作压力较重，并涉及特殊教育学生群体，对其的教学、管理与普通学生差异很大。四是多校区，学校多个校区并存，对信息化网络建设、信息安全防护、信息化运维支持等带来较大挑战。五是变化快，随着学校的发展和业务整合，管理工作变革、重组增多，各专业也在探索新的课程、新的实训、与用人单位的新的合作模式等。

学校提出"智能＋"赋能管理，通过落实一网统合，利用人工智能、大数据、云计算、物联网等新技术，帮助学校教师更便捷、快速地开展覆盖多校区、服务多主体的管理工作,辅助学校管理者做出更科学合理、可操作的决策,从而实现科学治校。

2."智能+"管理实现载体:智慧化校园建设

学校以智慧化校园建设为实现"智能+"管理的主要载体与关键抓手,力图通过建设完整统一、技术先进,覆盖全面、应用深入、高效稳定、安全可靠的智慧化校园,达到进一步提高工作效率、管理效率、决策效率,加强信息利用率与核心竞争力,促进学校教学、科研、管理、服务等各项工作优化的总体目标。

智慧化校园建设遵循以下原则。一是全面规划、分步实施的原则,即在充分保障学校现有投资(业务系统、服务器设备等)状况下,制定智慧化校园的信息标准,建设智慧化校园基础平台,为今后业务系统的建设与整合打下基础。二是先进性原则,即采用先进的智慧化校园理念、先进的信息化技术和先进的系统工程方法,以建设一个可持续发展的、具有先进性、开放性的职业院校智慧化校园。三是扩展性原则,即系统架构设计需充分考虑今后扩展的要求,在满足现有系统互联的前提下,能够较好地适应未来发展变化。四是系统安全性原则,即充分考虑系统的安全,包括数据安全、网络安全、传输安全、管理安全等。

智慧化校园建设坚持以人为本、面向服务、信息互通、数据共享的建设思路。通过提供满足跨部门的业务管理与面向全校用户便捷的信息服务,实现学校各类资源的整合和配置优化,提高学校的管理水平和效率。学校智慧化校园建设内容丰富,具体建设内容包括:以学籍为主线,管理学生在校学习生涯;利用大数据分析,创新学生管理;以人事档案为主线,实现教师个人专业发展管理;实现智能排课,提高教学管理工作效率;贯通中高、中本学分管理,跟踪学生发展轨迹;以资产台账为主线,落实资产全生命周期闭环管理;打通数据共享,建设校本基础数据库;校务大数据可视化展示,助力领导决策;创新技术手段,精细化教学过程管理;集约化教学资源管理,推进资源共享和创新等。

智慧化校园建设主要分三期建成。一期建设主要任务为:重点建设新校区基础设施、智慧园区,建成软件系统,建设统一门户、统一认证、数据集成等基础平台,以及教务、学工等业务系统。二期建设主要任务为:在完善支撑平台、智慧园区、应用系统建设的基础上,着重大数据建设,包括数据仓库、教学资源中心等方面的建设。三期建设主要任务为:在大数据资源的支持下,进行各类智能管控平台建设,包括综合运维平台、园区综合管控平台、校务大数据分析、学生画像、教学大数据分析等。通过智慧化校园建设,学校进一步深化"智能+",探索了融合新兴技术带来的全新管理模式。

3. "智能+"管理效能提升:信息化培训与制度建设

"智能+"管理的具体落实最终依赖于学校教工,教工管理能力的提高是学校管理效能提升的关键,相关制度建设的完善则是学校管理效能提升的保障。

通过定期组织信息技术应用和管理能力培训,加强管理与信息技术的整合,创新管理方法和手段,不断提升学校教师的智慧化管理理念和信息技术应用能力。例如,学校针对教学课程中心系统、教职工管理系统、学生管理系统、招生就业管理系统等开展讲解演示校本培训,邀请同济大学蔡跃副教授开设"信息化技术在职业教育教学中的应用"主题讲座等,增强了教师"智能+"管理能力。同时,学校进一步明确教育信息化队伍的岗位设定标准和专业发展路径,建立多层次、多形式、重实效的信息化人才培养制度,加强对教育信息化专业技术人员的岗位培训,打造了一支经验丰富、素质优良、人员稳定的技术支撑队伍。

学校完善了各级行政部门的信息化组织机构建设,明确教育智慧化管理部门的职能定位,加强"智能+"管理建设的组织协调和统筹规划,理顺各级教育管理部门与信息化管理机构间的关系,建立由校领导担任首席信息官的制度,全面统筹学校信息化的规划与发展,并完善专家咨询制度,充分发挥专家委员会的作用,实行科学决策。同时,学校完善了相关管理制度及工作绩效评价制度,将教育信息化、管理智能化专项督导和标准化评审有机整合,提升督导评估效能,为学校"智能+"管理的落实提供了保障。

(二) 一站聚合汇资源

学校通过一站聚合的方式,将学校资源集中在一个平台或系统中,形成体系化、个性化、数字化、多方共享的资源中心,不仅有利于促进资源的传播与分享,提高资源的利用效率和综合价值,更为师生提供了更加便利和高效的使用体验,减少了管理者的时间成本与精力成本。

1. 构建体系化资源中心,集成数字教学资源

体系化资源中心建设的功能定位在于能学与辅教。前者指有学习意愿并具备基本学习条件的学生、教师、企业员工和社会学习者,均可以登录资源库,自主选择进行系统化、个性化的学习,实现学习目标;后者指教师可以针对不同的教育对象和教学要求,利用资源库灵活组织教学和培训内容、辅助教学。学校不断完善数字化教学资源平台建设,构建系统化的资源中心,以期提升管理效能,服务多方主体。

学校重视数字教学资源的建设。学校基于专业教学标准,通过在线开放课程的建设,完成制作微课、多媒体课件、制作动画、图片等教学素材、试题练习库、小游戏制作、交互网页制作、拍摄教学示范性的课堂实录等为主的数字化教学资源积累,进一步推动课程开放共享,实现课程资源满足教学的需求、题库支持学生在线实训等。同时,学校强调以典型项目为载体,将专业群职业岗位能力模块化,以能力导向精选知识内容,对课程进行模块化重构,形成包括资源、教案、视频活动、作业等教学内容与教学设计相结合的课程积木,开发在线校本示范教学包。在积累数字化教学资源的基础上,学校对标国家级专业资源库建设,努力建设体系化资源中心,实现资源中心与教学平台账号互通、与国家智慧职业教育平台监测平台对接。

2. 建设个性化门户空间,实现一站式访问

体系化资源中心的应用要实现一站聚合,需要建设能够一站式访问的个性化门户空间,以满足所有用户在教学、管理、科研、学习、生活等活动中的公共服务需求。

学校积极建设一站式、个性化门户空间,使其独立于各类应用之上,作为学校对内外的窗口,以浏览器的方式向用户展现数字化校园的应用信息,通过人员整合(组织机构、用户管理),使得学校用户(教师、学生、职工、校外人员等)能

够自由定制个性化的信息内容。同时，学校通过应用整合，提供各种服务及应用的接入，如教务管理、办公系统、校园虚拟社区、信息发布系统。门户将人员整合、应用整合后，提供统一的用户账号，这样就可以访问个人角色允许访问的应用与信息，集中呈现个性化信息服务，包括运用云技术以及定义个人桌面、配置个人工具、个人办公应用等信息与服务支持，满足学校各部门的实际应用。

这一个性化门户空间同时兼具学生个性化学习空间、教职工工作平台、家校互动平台、校企协同平台等功能。学生可利用其对各类学习资源的一站式访问，开展在线学习、在线实训，进行选课、评教、综评等；教师可利用其在线备课、在线教研，访问教学资源、文献、电子图书，进行课表安排、日程安排等；家长可以通过其递交请假单，查看学生在校表现、班级活动、接收成绩单、学校通知等；企业可以通过其发布招聘信息，进行就业匹配分析、顶岗实习管理、现代学徒制项目管理、教师工学交替管理等。门户空间的建设为学校数字化资源的充分利用提供了途径。

3. 强化应用功能，完善资源多方共享机制

资源中心建构遵循一体化设计、结构化课程、颗粒化资源的逻辑，强化应用功能和共享机制设计。一体化设计是资源中心建设的前提，资源中心建设要以用户需求为导向，结合专业特点和信息化特征，完善专业人才培养方案，统筹资源建设、平台设计以及共建共享机制的构建，形成整体系统的顶层设计。

结构化课程是资源中心建设的重点，中心内资源要系统规范全部专业核心课的结构化课程，并覆盖专业核心课程、展现教学内容与课程体系改革成果、融入思想政治教育与创新创业教育等，满足网络学习和线上线下混合教学的需要。

单元化或细分化资源是资源中心建设的基础，中心内资源要在保障科学性和有效性的前提下，尽可能设计成较小的但单体结构完整的学习单元，便于检索、学习和组课。同时，学校重视资源的社会化共享，注重建设开放式在线课程，建立健全与行业企业、研究机构间的资源共建共享机制，推进职业教育资源跨区域、跨行业共建共享。

第二节 成就与展望

当前,已经交出比较满意的答卷;未来,深感责任更加重大。回顾曾经,是为了充实明天;总结经验,是为了更好的未来。在继往开来的当下,学校力求与时代共舞,与社会同进,以"高"为标,以"优"为先,以"创"为领,以"实"为要,进一步把特色做强,努力做出更好的成绩,回报政府、企业、家长和学生的期望。

一、改革发展成就引人瞩目

近几年来,学校将培养慧雅学生和慧雅教师、建设慧雅学校确定为自己的办学目标。通过文化凝心、专业聚能、校企合力,倾力培育道德高尚、言行雅致、技能精湛的慧雅学生,大力培养德行高尚、言行高雅、水平高超的慧雅教师,全力建设既有创新特色又有深厚人文底蕴的慧雅学校,实现学生、教师、学校的共同成长与发展。

2021年,学校被评为上海市优质中职培育学校。以此为契机,学校在各专业全面实施课程体系改革,在各个层面逐级推进教育教学创新,进一步完善校企合作协同共育等各项建设与保障机制,取得了显著成果,各项工作均走上了发展快车道。

（一）雅为善学的慧雅学生

作为一名新时代的职业人,无论是如今身在学校,还是今后步入社会,都应当具有优雅的品行和善于学习的能力。因此,学校要培养的慧雅学生,是既拥有优秀传统美德、优良品格德行,又拥有优异专业技能,善于自主学习的技术技能人才。我们要求每一位信管学子,应勤于修身,善学乐学,成为品德高洁、言行雅致、技能精湛且具有后续发展能力的职业人。

为了培养雅为善学的慧雅学生,学校秉持"一切为了学生可持续职业发展"

的宗旨,强调以文化育雅、以智能育慧。通过在课程内融合渗透人文领域基本知识和成果;通过在校园活动和环境创设方面凸显人文情怀,强化人文意识;依托专业数字化转型与课程创新,凝聚校企合力、四方协同,倾力培育聪慧的,拥有立足社会、走向未来的技能和本领的新一代中职学生。

专注成就专业,努力结出硕果。近年来,学生荣获包括"全国最美中职生"称号在内的国家级奖项 15 项,包括"上海市美德少年"称号在内的上海市级奖项 310 项。其中,8 名学生荣获全国职业院校技能大赛金牌,3 名获得银牌,2 名学生获得铜牌;1 名学生入选世界技能大赛中国国家队。这些展现出了一个汇集"综合文化素养+智能技术应用"的学生立体画像。

 案例

用慧技雅行赢得人生

尤玮是以高分被上海市信息管理学校图书信息管理专业录取的。在她看来,考大学是为了就业,读职校一样可以找到合适的岗位,与其郁郁终日说什么壮志难酬,不如踏踏实实走好脚下的路。踏入中职校门的那一刻起,她便告诉自己,这里是一个新的起点,一样可以实现人生目标,而三年的中职生活,也让她更加坚信自己的选择。

上海市信息管理学校培养的学生主要是面向现代服务业的从业人员,因此要求各专业学生既要掌握熟练的计算机应用技术,又要在各种校园活动中塑造良好的个人形象。参加辩论赛、演讲比赛,担任文学社社长……入学后,尤玮积极参加学校的各个社团活动,锻炼自己各方面的能力,不断学习与人交往、如何组织活动。尤玮坦言,参加各种活动,有失败也有成功,让她渐渐明白,对自己有帮助的不是结果,而是有这段经历和过程。学校强调学生要锻造自己的内在和外在形象,尤玮也在校园生活中时刻注意自己的一言一行,提升自身综合素养。

通过在学校一年多的学习和锻炼,尤玮对自己有了信心,于是她趁着暑假,捧着自己的简历去虹口区图书馆寻求实习的机会。第一份实习工作很简单:将原来手写的目录书卡输入电脑,没有限定的工作量,也不限时上交,做多少、怎么做完全取决于个人自觉。在学校就已经熟练掌握计算机操作技能的她早到晚归,总希望能多为老师分担一些,多出一份力。实习结束时,虹口区图书馆的馆长在实习鉴定上认真地写下:诚挚地希望在今后的假期里能继续看到你。

随后,在虹口区图书馆老师的推荐下,尤玮来到鲁迅纪念馆的图书馆参加志愿服务。一次偶然的机会,她被调至宣教部门,担任双休日志愿讲解员。白天担任讲解员,晚上翻阅各种资料,自己写讲解词……渐渐地,尤玮开始喜欢上讲解员这一岗位,并不断钻研,每讲解一次都会有新的收获和启发,每次的讲解词都各异。

当时的她只是作为志愿者参与鲁迅纪念馆的一些临时工作,后来她得知,纪念馆正在招聘一位正式的讲解员,而前来应聘的都是一些名牌大学的学生,甚至还有多名研究生前来应聘。尤玮鼓起勇气问道:"可以给我一次面试机会吗?"当时负责招聘的是纪念馆的馆长,她对尤玮的印象很好,于是破格让她也参加了面试。在听了尤玮的讲解后,参与面试的纪念馆工作人员共同决定破格录用这位中职学生,于是,她成了鲁迅纪念馆唯一的一名中职学历的工作人员,并年年受到表彰。

后因工作调动,尤玮来到中共二大会址纪念馆。刚开始没底气:自己对党史的知识了解甚少,如何将二大的党史讲活、讲得好听呢? 进入中共二大会址纪念馆,只要有时间,尤玮都会跑到展馆里面,认真研究每一块展板、端详每一张历史照片。遇到疑惑,她立即记录下来。每当有党史专家来展馆,尤玮都会拿出小本子,一一向各位党史专家请教。她这份谦逊、细致的工作态度,都源于在上海市信息管理学校求学三年里素养的积淀与匠心的培育。

如今,尤玮已经从一名普通的中职生迅速成长为"上海市十佳讲解员",担任中共二大会址纪念馆党支部书记、副馆长(主持工作)。"对我来说在这里工作本身就非常光荣!"尤玮分享说。不断讲述这段历史的过程,也是她和团队成员们不断提升自我的过程。她也期待,未来越来越多人走进纪念馆,去了解和传承这段历史、这种精神。

（二）德高善教的慧雅教师

新时代的教育者，都应该力争成为有理想信念、有道德情操、有扎实学识、有仁爱之心的"四有"教师。因此，学校要成就的慧雅教师，应既拥有高尚师德修养、高雅举止言行，又拥有高超教学水平，且善于思考创新。学校要求每位信管教师，应善于授业，乐于传道，成为道德高尚、言行高雅、水平高超且具备持续发展意识的教育者。

学校依托党建引领以及校园人文相关建设与实践项目，让教师体会人文、夯实底蕴、提升修养；将"智能＋"融入教师成长过程，推动信息技术与教师专业能力的有机融合，为教师成长搭建平台，激励教师思考创新，助力教师能力提升。

目前，学校有 2 位专业教师分别成为教育部教学（教育）指导委员会和文物保护行业指导委员会委员，10 位教师成为上海市职业教育教学指导委员会委员。同时，多名全国模范教师、上海工匠、上海市教书育人楷模、特级教师也一直躬身于学校专业教学的讲台旁。

近三年，学校先后有 12 位教师获得全国职业院校教师教学能力大赛一、二、三等奖，近 30 人次获得上海市中职教师教学能力大赛特等奖、一等奖和二等奖。1 位教师获得全国班主任能力大赛二等奖。有 7 位教师获得全国教学成果二等奖，有 20 余人次获得上海市教学成果特等奖、一等奖和二等奖。2 个教师团队入选首批上海中等职业教育市级教师教学创新团队，2 个教师团队获评上海市课程思政示范团队。这些展现出了一个汇集"深厚文化修养＋智能教学能力"的教师立体画像。

 案例

树嘉言懿行组　育蕙质兰心人

"锋从磨砺，智行千里。"学校蒲汇塘校区图书文保专业教研组继获得 2016 年度徐汇区教育系统文明组室、2018 年度徐汇区教育系统文明组室称号后，获评上海市教育系统巾帼文明岗荣誉称号。

这是一个由 23 人组成的以德为魂、以爱为本、以业为精、以绩为根的团队。爱岗敬业、乐于奉献是他们的共同基础,团结协作、配合默契是他们的共同要求,坚定自信、大胆探索是他们的共同特征,心之天天、爱兮迢迢是他们的共同理想。在学校领导的带领下,教研组紧紧围绕学校中心工作,把握职业教育发展规律,依托徐汇区域文化资源,构建和乐校园,坚守文化自信,创新发展模式,辐射专业成果,在推进徐汇教育综合改革的过程中取得了丰硕成果。

"忠诚于职教事业,理解、尊重、关爱职教学生"是教研组全体教师的共同特征,"以德立教、爱岗敬业、为人师表、无私奉献"是他们共同的工作信条。教研组的全体教师积极投身学校各项教育教学工作,以业为精,成绩斐然。仅 2018年一年,就有 16 位教师指导学生获得各级奖项共 78 项;教师积极参与课题研究和教学改革,达到 32 人次;承担了多项徐汇区重点课题和上海市教育科研规划课题。在 2018 年中本贯通专业评估中专业部的文物保护与修复专业被上海市教委评定为"优秀"。2022 年,基于"探索新时代文物保护与修复人才培养模式"教改课题的研究成果获上海市教学成果特等奖。2023 年,更获得全国教学成果二等奖。

在专业建设中,教师以"立足徐汇,服务上海,放眼全球"为宗旨,开展了多样的社会实践活动,无论是在上海市教育博览会和职业体验日活动中,还是在学生参与的黄浦区淮海中路街道"淮海+"午间课堂活动,抑或是走访国内外友好学校时,他们都利用文物保护与修复专业不断弘扬中华优秀传统文化,辐射专业建设成果,坚定文化自信,服务区域文化经济建设,取得了良好的效果。

且行且歌,未来可期,教研组的教师将继续用工匠精神点亮和乐校园,擘画职业教育的实践篇章。

(三) 厚德精技的慧雅学校

学校以文化传承、智慧赋能为核心,在学校整体建设中充分融入"文化+""智能+"的办学特色,通过弘扬民族文化,建设有文化定位、有深厚人文底蕴的学校;通过打造专业特色、信息化办学,建设拥有显著办学成效、有创新特色的学校,全面推动学校高质量发展。

多年来,学校坚持与行业双向互动、推进校企合作深度融合,坚持未来与传统双向融合、明晰专业建设发展方向,坚持国内与国际双向影响、鼓励优质课程对外辐射,坚持业务与素养双向促进、引导教师素养稳步提升,坚持文化与技能双向发展、成就学生素质德技并修,通过传承历史文脉、弘扬工匠精神、力推三化改革,促进四方协同,力争成为一所有家国人文情怀、有智能办学特色、有服务社会担当、有一定国际影响的全国一流职业学校。

孜孜前行路,成果斐然。学校连续获得上海市文明校园、上海市安全文明校、上海市行为规范示范校等称号,并接连获评上海市第一批依法治校示范校、上海市优质中职培育学校A类学校、上海市心理健康示范校、上海市家庭教育示范校、上海市中小学(中职)劳动教育特色校、上海市校园文化建设"一校一品"特色学校、上海市信息工作先进单位、上海市先进教工之家等荣誉。

通过创新的学生活动,学校被授予全国青少年校园足球特色学校、全国青少年校园冰雪运动特色学校、国家级青春健康教育示范基地、国家级语言文字规范化示范校、上海市中等职业学校民族文化传承教育基地、上海市院校创业指导站等称号。

通过学校各项人才培养工作的全力推进,学校获得了世界技能大赛上海市选拔赛优秀组织奖、全国语文规范化知识学习活动优秀组织奖、上海职教系统校园文化建设优秀项目奖、上海市中等职业学校校本教材展示交流评比活动优秀组织奖、教师教学法改革交流评优活动优秀组织奖、上海教育博览会风采展示奖、上海市中职学生创新创业大赛种子赛道优秀组织奖、上海市"星光计划"职业院校技能大赛优秀组织奖等奖项。

为应对当下职业教育变革的挑战,学校率先成为世界技能大赛技术支持单位,同时也是世界技能大赛网络系统管理和糖艺(西点制作)项目上海选手选拔与培训基地。

此外,学校深知职业学校的社会责任,数年来,坚持面向全市中小学生开展上海市学生职业体验日活动，并多次获得上海市学生职业体验日活动优秀组织奖及特色组织奖。

在持续二十余年作为上海市职业技能鉴定站所，开展企业员工技能升级培训项目以及社会人员培训与考证服务的基础上，2022年，学校成功获批上海市首批新型技师学院，积极开拓着课证融通、岗位培训、技能赛事等一系列新的职业人才培育改革项目。

作为上海市职业教育骨干教师师资培训基地、上海市职业技术教师教育学院教学实践基地，学校立足自身专业特色，聚焦企业需求，依托高校资源，完成了20余项师资培养项目，并于2023年获批上海市首批"双师型"教师培训基地，成为上海市唯一一所计算机类"双师型"教师培训基地。

学校以行业协会为桥梁，联系相关院校、企业以及文化机构，形成民族文化特色职业技能合作共同体，通过设立海外大师工作室，完善并创建课程、设备、师资等相关资源，承办技能竞赛，协助企业开发融入中式元素的改良产品，开展中国传统文化及特色职业技能的宣传等方式，实现民族文化特色职业技能输出，推动中华民族文化的浸润和对当地社会经济的影响。

学校办学探索与育人实践成果获得认可，多次登上全国职业教育论坛、长三角职业教育论坛、中德双元制教育国际研讨会等平台进行专题交流，近百篇研究论文在专业期刊上发表。

二、站在新起点全力冲刺新高峰

2023年，是学校发展新的里程碑。新的上海市信息管理学校主校区经过数年建设，矗立在了黄浦江畔的"徐汇南大门"——华泾地区。作为徐汇教育"十四五"规划中投入最大的新建项目，这座崭新的现代化校园设施一流、管理智能、配套全面，各类专业实训室、体育场馆、宿舍楼、剧场等一应俱全。后续，学校将瞄准硬件水平最强、信息化程度最高、教学资源充分集约高效的目标，努力使办学条件和办学效益在徐汇教育乃至本市中等职业教育界成为首屈一指的存在。

站在当前的制高点上，回望过去，畅想未来，我们深感使命光荣，责任重大。

历史的车轮推动我们勇往直前,时代的召唤鞭策我们不敢懈怠,社会的进步要求我们不断求新。不断地创新创造,是信管人的品性,在未来的学校发展建设中,我们追求卓越,以继续当好职业教育领域的排头兵的气魄,谋篇布局,再攀高峰。

（一）慧雅办学发展更有高度

现代职业教育最彰显的目标,就是坚持社会主义办学方向,大力提升中等职业教育办学质量,建设技能型社会,营造人人努力成才、人人皆可成才、人人尽展其才的良好环境。在今后的办学发展中,学校要追求慧雅办学思想的卓越精神,深挖慧雅职业教育勇毅前行的创业内涵,做强慧雅信管人的乘风扬帆勇立潮头的不懈探索、求胜争优的打拼性格,为切实把慧雅型现代技能人才的培育任务落到实处而努力奋进。

学校在办学的主要维度上力求高质量、高水平建设与推进:推动现代信息技术与教育教学深度融合,创新提高教学质量的方式;进一步优化创新校企合作办学机制,协同推进产教深度融合;继续巩固、提升职业教育类型特色,定好位,强作为,深耕学校专业建设、人才培养、内涵提质、特色办学的职业教育园地;充分发挥实训中心、专业实训室在培养师生技能、开展教学科研、提升职教吸引力、服务大赛和社会等方面的作用,进一步开发其潜在功能,在应用、服务上争取新的突破,继续保持其在同行中的领先水平和引领作用,成为学校标志性办学实力的靓丽名片;加强师德师风建设,全面提升教师素养,打造一支具有信管人风格、能"慧"善"雅"的强师、精师队伍;全力建设、运行好专业群,拓展专业群外延,丰富专业群内涵,保持专业、课程内容与社会需求接轨的紧密度;继续强化专业技能训练,保持参加各级各类技能大赛的强劲夺冠争奖势头;坚守立足和服务区域经济社会需要的办学底线;集最强理念、尽最大优势、用最好方式,为地区乃至全市的各类单位培养输送既多又好的慧雅型现代技能人才;建立健全信息管理平台,实现各类数据伴随式收集和集成化管理,利用物联网、GIS等智能感知技术,实现对学校人员、设备、能源等的智能化管理;继续探索职业教育办学思想与发展路径，打造行业职业教育典范，推广慧雅文化理念，与各兄弟学校开展交流合作，共同提高中等职业教育的整体水平，以榜样引领全市乃至全国职业教育同行。

（二）慧雅育人方式更显成效

现代职业教育最主要的任务，就是为社会主义事业培养合格的建设者和接班人，对上海市信息管理学校来说，就是立足立德树人根本任务，用慧雅教育引导学生、用慧雅精神激励学生、用慧雅愿景充实学生，丰富"慧"学习、"雅"言行雅为善学的慧雅学生的时代内涵和实践意义，与现代技能人才的培养要义和育人本义紧密联系，为更高质量上实现"培养更多高素质技术技能人才、能工巧匠、大国工匠，为全面建设社会主义现代化国家提供有力人才和技能支撑"提供上海市信息管理学校的创造性贡献和创新性范式。

学校将进一步拓展慧雅教育的内涵和外延，通过与企业深度合作，为学生提供更加广阔的实践平台和职业发展空间。同时，学校还将加强与国内外知名企业和高等院校的合作，为学生提供更多的学习机会和资源，培养出更多具有一定国际视野和初步具备创新创业理念与能力的新时代技术技能人才。学校将加强教育教学改革，推进专业项目化教学，继续打造覆盖全专业的虚拟实训仿真场景，注重学生实践能力和创新思维的培养。同时，学校还将加强对学生的思政教育和心理健康教育，继续推进全面课程思政落地落实，帮助学生树立正确的人生观、价值观和职业观，提高学生的综合素养和社会责任感。

学校要在已有成就的基础上，再上新的台阶，向育人特色要创意，向适应社会要精度，向人才质量要能效，进一步做深、做圆、做强慧雅教育这篇大文章，完善岗课赛证综合育人机制。能工巧匠、大国工匠定义下的信管校现代技能人才的成长与成才，一定是德与智、知与能、善与美、真与情、爱与诚的互生相长的综合素养集合，具有时代特质、顺应社会发展趋势的高素质技术技能人才，成为全面发展而有个性特征、基础知识扎实和技术技能精进的匠心学生。

（三）慧雅文化理念更具价值

现代职业教育最显著的特征，不仅讲究硬件设施的"高大上"，更要追求内涵建设的"亮特新"，不是比拼硬件设施的"齐全最"，而是比试内涵建树的"深厚实"。有内涵的硬件，硬件才能"硬"起来、"动"起来。

"慧雅"所代表的，不仅仅是学校的办学思想，更是学校的教育追求和师生们的人生信条。在这个文化理念的引领下，学校注重培养学生的综合素养，尊重学生的个性差异，发掘学生的潜能，让他们在专业技能的基础上，拥有更为宽广的知识领域、更为扎实的技能基础和更为深厚的人文素养。在学校的教学实践中，慧雅文化理念已经渗透到了每一个角落。教师们以高雅的道德品质、精湛的业务能力、热情的服务态度和良好的职业素养，为学生树立了榜样。学生们则以积极向上的学习态度、勇攀高峰的进取精神、追求卓越的品质品格，展现出慧雅型学生的风采。同时，慧雅文化理念也在学校的各项工作中得到了体现。学校的管理干部们以高效务实的工作作风、严谨公正的管理态度，为学校的各项工作提供了坚实的保障。学校的各项活动中，也处处体现着"慧雅"的精神内涵，让学生在各项教育教学活动中得到更深刻的文化熏陶。

学校多年探索打磨出来的慧雅办学思想，赋予"慧雅"哲学含义、实践意义，有了信管人赖以依存的精神寄托，其蕴意日益渗透进办学各层次、教育教学各方面，慧雅型教师、慧雅型学生、慧雅型干部的慧雅成长发展目标，已经成为学校上下一致看齐、看好、看准的价值信念。

慧雅办学思想在学校发展历程的肥沃土壤中，已经植入了文化基因，具有了文化因素、文化内涵、文化创意、文化故事，随着时间的推移，这种文化价值的厚积薄发愈来愈浓烈，愈来愈深入师生骨髓。与其说如今学校倡导并力行的慧雅办学思想是由管理与制度来保障的，倒不如说是由于多年的慧雅教育与师生内生需要相融而产生的情感依存与精神共鸣，其力量与效果远胜于组织的规定与要求。

慧雅文化理念在学校萌发，是必然的事件；寻求文化支撑来谋求学校高质量发展,是必然的结果。学校的建设实践取得了一定的成就,得到了各方肯定、社会赞誉,交出了一份让校内外都比较满意的答卷。未来,学校将秉承慧雅办学思想,弘扬慧雅教育精神,以文化立校的视角赋予"慧雅"以文化价值的意义,用慧雅文化理念开拓慧雅职业教育事业,用慧雅文化精神攻克发展难关,用慧雅文化愿景点燃师生筑梦人生幸福之光,在塑造慧雅型现代技能人才的道路上励精图治,攀登新的高峰。

附　录

附录一 人工智能通识课程内容

课程计划	课题名称	课程内容
第 1 课	初识人工智能	什么是人工智能? 人工智能从哪里来,又到哪里去?
第 2 课	大数据与机器学习	感受大数据的魅力; 走进大数据与机器学习结合起来构成的神奇的世界
第 3 课	监督学习	监督学习的应用具体方法、典型与常见算法
第 4 课	无监督学习	无监督学习的应用具体方法、典型与常见算法
第 5 课	强化学习	强化学习的应用具体方法、典型与常见算法
第 6 课	神经网络	通过从数据中进行学习,计算出自己的解决方案
第 7 课	深度学习	人工智能在计算机视觉、语音识别和自然语言理解等方面的表现; 深度学习与神经网络的关系
第 8 课	AI 视觉－物体识别与目标检测	计算机进行物体识别的过程以及所遇到的困难; 卷积神经网络的原理
第 9 课	AI 视觉－应用	计算机识别人脸以及表情的过程; 计算机识别人肢体的静态动作以及动态动作的过程
第 10 课	语音识别与合成	计算机进行语音识别和语音合成
第 11 课	自然语言理解	自然语言处理的基本知识
第 12 课	创造型 AI	AI 在文学创作和音乐创作方面的应用; AI 在图像生成方面的应用能力

（续表）

课程计划	课题名称	课程内容
第 13 课	情感与情绪	情感计算的方法以及人工智能技术在其中的应用； 通过交互练习来体验文本情感分析的过程
第 14 课	AI 玩游戏	AI 玩游戏的历史； AI 玩游戏的应用
第 15 课	机器人	机器人的基本概念和运作模式； 运用遗传算法来帮助机器人学习新技能； 机器人如何组合各种技能从而自动完成复杂任务
第 16 课	工业机器人与 AI	工业机器人的组成和运作机制及其在生产流程中的运用； 通过各种应用 DEMO 来体验人工智能技术在工业机器人上的应用
第 17 课	无人车与 AI	了解无人车的运行机制； 学习人工智能技术在无人车中的应用

附录二 综合素养课程设置(部分)

大类	板块	课程名称
人文育德	文化修养	中国传统书画
		穿梭古今的上海 Citywalk
		古钱币赏鉴
		中华文旅
		礼仪与沟通
		……
	品德操行	强国有我
		人与社会
		榜样
		……
	非遗传承	(详见附录三)
技能育智	专业拓展	古籍修复
		古籍装帧
		钤印篆刻
		数字绘画
		网页设计
		办公室软件高级进阶
		视频剪辑

（续表）

大类	板块	课程名称
技能育智	专业拓展	工业产品设计
		糖艺制作
		淮扬菜品鉴
		摄影摄像
		……
	创新创业	创新项目指导
		创业项目孵化
		记者团（社团）
		电视台（社团）
		……
运动育体	球类运动	篮球
		乒乓球
		羽毛球
		足球
		棒垒球
	律动有氧	健身操
		健身器械
		跆拳道
		瑜伽
		拉拉操
		形体艺术

（续表）

大类	板块	课程名称
艺术育美	美术	油画临摹
		素描写真
		数字艺术
	声乐	鸣音合唱团
		中英文歌曲学唱
	器乐	萨克斯演奏
		古筝演奏
	舞蹈	古典舞
		现代舞

附录三　非遗文化传承课程介绍(部分)

课程名称	课程简介	任课教师
海派剪纸	剪纸艺术入选第一批国家级非物质文化遗产名录。在开放性城市文化影响下,上海剪纸形成了集南北之长的"海派"特色,豪放而不粗糙,细腻而不呆板,注重形式美,充满生活气息,在全国各种剪纸中占有独特的地位	国家一级美术师
上海灯彩	上海灯彩入选第一批国家级非物质文化遗产扩展项目名录。上海灯彩主要采用铅丝、彩纸、绸缎、电灯泡等材料,先将铅丝拉直使其挺拔,按需要的尺寸剪断,然后在铅丝上粘一层薄薄的皮纸,以使铅丝不易生锈和扎扎动物骨架时铅丝扭处牢固可靠。骨架扎成后,先在腹内接装电线和灯泡,再在表面糊上各色艳丽的彩绸,制作成型	省市级非遗传承人
紫砂制作	宜兴紫砂陶制作技艺入选第一批国家非物质文化遗产名录传统技艺类。紫砂陶制作技艺,以特产于宜兴的一种具有特殊团粒结构和双重气孔结构的紫砂泥料为原料,采用百种以上的自制工具,经过打泥片、拍打身筒、相接身筒或镶接与雕塑结合等步骤,最终完成陶制品制作	省市级非遗传承人
海派黄杨木雕	黄杨木雕列入第二批国家级非物质文化遗产名录。海派黄杨木雕是上海开埠时期产生的一种雕刻艺术,海派黄杨木雕将西方写实雕塑技巧同中国传统雕刻技法结合起来,传统题材与现实题材并重,讲究寓意表现,善于捕捉现实生活中的生动瞬间,体现出浓郁的生活气息和民族文化韵味	省市级非遗传承人
传统插花	传统插花入选第二批国家级非物质文化遗产名录。传统插花在发展过程中,形成了民间插花、寺观插花、宫廷插花、文人插花四大人群插花;瓶花、盘花、碗花、篮花、缸花、筒花等类型容器插花。其中包含了丰富的文化内蕴、系统的插花理论、精湛的插花技艺与独特的赏花方式	插花协会

（续表）

课程名称	课程简介	任课教师
中式服装盘扣制作	中式服装盘扣制作技艺入选第二批上海市级非遗名录。盘扣或称盘钮，是由手工将长长的"祥条"回旋盘绕成各种造型的，主要运用于传统中国服饰上固定衣襟或装饰的一种纽扣。盘扣作为服装的附属品，是一种美的展示，蕴藏着质朴、自然的情愫，蕴含着人们对美好生活的寄托和追求，更具有招福纳祥、传情达意的含义	省市级非遗传承人
中医药香品调制	药香制作技艺入选第四批国家级非物质文化遗产名录。在研习传统古方之精髓的基础上，结合现代习惯和喜好，将传统香事文化带入日常生活中。课程主要包括天然香药辨识、香药炮制历史和方法、篆香操作、香锤、香牌、香珠、手工线香等制作，以及香席、香室设计三个方面	省市级非遗传承人
海派绒线编结技艺	钩针编结技艺入选第十三批徐汇区级非遗名录。海派绒线编结技艺起源于徐家汇。钩针编结工具简单，操作简便，在人们的日常生活中非常实用。钩针编结在百年的传承中不断有新的突破，从早先的花边带、手套、帽子、桌布、盘布，发展到今天的时装礼服和艺术大画，丰富了人们的生活，给人们带来美的享受	区级非遗传承人
海派碑刻传拓技艺	碑刻传拓及拓片装裱技艺入选上海市非物质文化遗产代表性项目。传拓作为中国一项古老的传统技艺，是使用宣纸和墨汁及传拓工具，将石碑等器物上的文字或图案，清晰地搨印下来的技艺。传拓技艺起源于魏晋南北朝时期，鼎盛于宋，延至明清，传承至今。传拓制作的拓片，具有传播文化、保存艺术、欣赏、收藏等功能	专业教师
中国书法	中国书法入选人类非物质文化遗产。中国书法是中国汉字特有的一种传统艺术，是以笔墨纸砚为工具，融入人们对生活、自然的思考，表现出中国人特有的思维方式、人格、性情的一种艺术实践	专业教师
茶道	集茶文化普及、茶叶冲泡与技艺展示、传承传统文化于一体的素养课程。在了解茶叶、知晓茶器、掌握饮法，习得茶艺的基础上，掌握茶叶的制作工艺、茶具的选用、茶树种植原理、各类茶叶的冲泡手法与技巧、茶品背后的历史传承等内容；通过闻、观、品、触等方法分辨茶叶优劣，体会"理、敬、清、融"的茶道精神，达到养性、联谊、示礼、传情、育德，以及陶冶情操、美化生活的目的	专业教师

附录四　教师获得的区级及以上研究成果奖
（2020—2023 年）

成果名称	获奖名称与等级	颁证单位
融"三新"、用"三真"、聚"三力"：中职古籍修复专业教学改革与实践	2022 年职业教育国家级教学成果二等奖	教育部
超越技能的文化传承：中职古籍修复人才培养整合式教学体系建构与实践	2022 年上海市教学成果特等奖	上海市教育委员会、上海市人力资源和社会保障局
时代引领·创新驱动·以文化人——新时代中职学校文化建设范式的研究与实践	2022 年上海市教学成果一等奖	上海市教育委员会、上海市人力资源和社会保障局
标准引领　三融四共　联盟协同：高技能拔尖人才贯通培养的探索与实践	2022 年上海市教学成果一等奖	上海市教育委员会、上海市人力资源和社会保障局
多重嵌入提升适应性：中职信息技术类专业校企协同育人的探索与实践	2022 年上海市教学成果二等奖	上海市教育委员会、上海市人力资源和社会保障局
创新传承"慧雅"成才中职学校非遗工作室系列课程的"三阶段"创新实践	2022 年上海市教学成果二等奖	上海市教育委员会、上海市人力资源和社会保障局
"2＋1"模式下中本贯通专业课程一体化建设实践与探索	2021 年上海市第七届学校教育科研成果三等奖	上海市教育科学研究院
基于多学科融合的专业复合型人才贯通教育新模式的构建	2022 年上海市中职—应用本科联合培养　教学改革论文大赛一等奖	上海市教育委员会

（续表）

成果名称	获奖名称与等级	颁证单位
课堂内外兼收并蓄，文理双修　博采众长案例	2022 年上海市中职－应用本科联合培养　教学改革案例大赛二等奖	上海市教育委员会
教育人工智能：应用现状、未来趋势及对专业教学的启示	2022 年"中小学幼儿园课题情报综述"征文二等奖	上海市教育科学研究院
信息技术在国内听障学生教学中的应用研究现状述评	2022 年"中小学幼儿园课题情报综述"征文三等奖	上海市教育科学研究院
"2＋1"模式下中本贯通专业课程一体化建设实践与研究——以文物保护与修复专业为例	2020 年徐汇区第十三届教育科学研究成果一等奖	徐汇区教育局
智障学生"培训与就业一体化"适应性课程体系建设研究	2020 年徐汇区第十三届教育科学研究成果二等奖	徐汇区教育局
中职生社会责任感培养的研究	2020 年徐汇区第十三届教育科学研究成果三等奖	徐汇区教育局
情感引领·以情化人——基于班级公共生活的班主任情感领导力提升研究	2022 年徐汇区第十四届教育科学研究成果三等奖	徐汇区教育局
口译训练融入专门用途英语教学实践的行动研究报告	2022 年徐汇区第十四届教育科学研究成果三等奖	徐汇区教育局
电话沟通	2022 年上海市中等职业学校"匠心匠艺"优质课	上海市教师教育学院
贵宾室毛巾服务礼仪	2022 年上海市中等职业学校"匠心匠艺"优质课	上海市教师教育学院

附录五　教师主持的区级及以上教育科研项目
（2020—2023 年）

科研项目名称	科研项目来源
数字中国战略下中职专业的数字化改造与优质发展研究	2023 年全国教育科学规划国家一般课题
基于虚拟仿真技术的文物保护技术专业（古籍修复方向）实训教学模式与效果评价研究	2022 年教育部"虚拟仿真技术在职业教育教学中的创新应用"专项课题
人工智能赋能中等职业教育专业教学的路径与实践探索	2021 年上海市教育科学研究一般项目
新时代中等职业学校文化品牌建设和实践的实证研究	2020 年中国职业技术教育学会科研规划课题
信息化教学手段在文秘专业课堂教学中有效运用的课例研究	2020 年教育部职业院校教育类专业教学指导委员会文秘类专业优秀课题
文物保护与修复在信息化背景下的精准教学设计与实施研究	2020 年上海市教育委员会"匠心匠艺"优质课堂建设行动研究项目
"3A"智能化职业教育专业教学策略实践研究	2022 年上海市教育委员会"匠心匠艺"优质课堂建设行动研究项目
在文物保护技术专业教学领域中开展中国特色学徒制人才培养的实践研究	2023 年上海市中等职业学校内涵建设课改课题项目
非遗调香　慧雅身心	2023 年上海市中等职业学校内涵建设网络课程项目
古籍修复	2020 年上海市中等职业学校在线课程项目
图书编目	2020 年上海市中等职业学校在线课程项目
书画装裱	2021 年上海市中等职业学校在线课程项目
古籍装帧	2022 年上海市中等职业学校在线课程项目
基于 FMS 测试的中职航空专业职业体能教学内容的优化与实施效果研究	2022 年徐汇区教育系统"美罗"教科研新秀扶持项目

后记

　　在时间跨入 2023 年、距建校已有 40 个年头的时候,本书终于成稿并付梓。作为现任校长,本书完稿是我对建校以来所有为学校建设而辛勤努力的领导与师生的崇高致敬,是对学校四十载漫漫征程中永不言弃且一路向前的由衷赞颂,是对学校在职业教育发展历程中艰苦奋斗与骄人成就的深情回望,是对学校积极投身教学改革实践成果和创新探索的阶段总结,是对始终如一植根区域经济社会的办学定位和服务导向的无悔选择,是对支持学校发展并推动协同育人的所有高校以及企业的真诚感谢。当然,这也是我因深爱学校而从内心深处迸发的字墨表达。

　　身为校长,我亲历了学校在专业建设中的建树、人才培养中的定力、大赛参与中的作为、职教创新中的领跑。作为见证人,我为我们学校感到无比骄傲,为我们全体师生感到极其自豪。本书呈现的奋斗精神、经验总结、成果事迹,是大家共同的努力、集体的智慧。参与其中,与全校师生携手冲刺,此刻的思绪千言万语汇成极简的表白:庆幸、值得、难忘、感动。

　　从学校办学历程中生发成长的"慧雅"元素,已经蔚成学校的办学思想。经过历届师生薪火相传,"慧雅"的立意不断深化,"慧雅"已成为学校精神、学校形象的特色符号,取得共识的文化认同,师生信赖的良师益友,我感同身受。能为"慧雅"贡献新的意义,增添新的内涵,站到新的高度,我由衷欣慰。

　　办学宗旨,归根结底,就是最大限度地挖掘办学潜能,更好地把学校资源集中指向慧雅型现代技能人才的培养,完成立德树人根本任务,为区域乃至全市的各行各业培养能工巧匠、大国工匠。在我和同事们的齐心合力下,我们交出了一份让区域满意、百姓高兴、社会赞誉、企业称心的答卷。

我们将继续书写学校耕耘职业教育出好人才、出好队伍的奋斗篇章;大写服务区域经济社会、为地区职业教育增光添辉的斐然业绩;特写为上海乃至中国职业教育输送经验的信管校案例、信管校故事的经典范式。

谨向以各种形式帮助过学校的各界人士致以真挚谢意!对在本书形成过程中提供各种帮助的同仁深表感谢!

唐纪瑛

2023 年 10 月

图书在版编目（CIP）数据

慧雅型现代技能人才培养之经纬 / 唐纪瑛著. — 上
海：上海教育出版社，2023.12
（上海教育丛书）
ISBN 978-7-5720-2425-2

Ⅰ. ①慧… Ⅱ. ①唐… Ⅲ. ①中等专业学校 – 学校管
理 – 研究 – 中国 Ⅳ. ①G719.21

中国国家版本馆CIP数据核字(2023)第246991号

责任编辑　茶文琼
封面设计　王　捷

上海教育丛书
慧雅型现代技能人才培养之经纬
唐纪瑛　著

出版发行　上海教育出版社有限公司
官　　网　www.seph.com.cn
地　　址　上海市闵行区号景路159弄C座
邮　　编　201101
印　　刷　上海展强印刷有限公司
开　　本　700×1000　1/16　印张 15.75　插页 3
字　　数　225 千字
版　　次　2023年12月第1版
印　　次　2023年12月第1次印刷
书　　号　ISBN 978-7-5720-2425-2/G·2151
定　　价　50.00 元

如发现质量问题，读者可向本社调换　电话：021-64373213